2025

中国渔业统计年鉴

农业农村部渔业渔政管理局
全国水产技术推广总站　中国水产学会　编制

中国农业出版社
北　京

《中国渔业统计年鉴》编辑委员会

编　者　说　明

一、《中国渔业统计年鉴》以正式出版年份标序。其统计数据起讫日期：渔民家庭收支调查起讫时间为 2023 年 11 月 1 日至 2024 年 10 月 31 日，其他数据起讫时间为 2024 年 1 月 1 日至 2024 年 12 月 31 日。

二、统计数据中，远洋渔业数据按照远洋渔业管理办法进行统计，渔港数据来源于全国沿海渔港基础信息管理系统，水产品贸易数据来源于中国海关统计，技术推广数据来源于全国水产技术推广总站、中国水产学会，其余数据来源于 31 个省、自治区、直辖市渔业主管部门和中国农业发展集团有限公司。

三、主要统计指标遵照 2024 年度国家统计局批准的统计调查制度执行（批准文号：国统制〔2024〕120 号）。

四、根据国家统计局 2022 年统计督察"回头看"整改意见，本年鉴渔业产值为海洋捕捞（含远洋渔业）、海水养殖、淡水捕捞、淡水养殖产品产值之和，而 2021 年及以前年鉴中，渔业产值为海洋捕捞（含远洋渔业）、海水养殖、淡水捕捞、淡水养殖产品及水产苗种产值之和。

五、按照《关于调整中国农业发展集团有限公司渔业统计数据报送方式的通知》（农渔科函〔2025〕24 号）文件精神，自 2024 年起，取消中国农业发展集团有限公司（以下简称中农发集团）省级上报单位资格，中农发集团统计数据不再直接报送至农业农村部。采取属地管理原则，由中农发集团 6 家子公司分别将统计数据上报至所在地渔业主管部门，涉及数据变动省份为北京市、浙江省、山东省及广东省，进行数据对比时请关注此变化。在《中国渔业统计年鉴》中，保持中农发集团统计数据与各省份统计数据并行罗列，但不参加全国数据的累加汇总计算。

六、度量衡单位均采用国际统一标准计量单位。涉及水产品产量数字一律采用 1996 年制定的水产品产量统计新标准统计。

七、部分数据合计数或相对数由于单位取舍不同而产生的计算误差，均未做机械调整。

八、全国统计数据中，均未包括香港特别行政区、澳门特别行政区和台湾地区。

九、各表中的"空格"表示该项统计指标数据不足本表最小单位数、数据不详或无该项数据。

十、本年鉴数据如有误列，敬请及时指正。

2024 年全国渔业统计情况综述

2024 年，面对外部压力加大、内部困难增多的复杂严峻形势，全国渔业系统坚持以习近平新时代中国特色社会主义思想为指导，深入贯彻习近平总书记重要讲话和重要指示批示精神，落实党中央、国务院关于"三农"工作部署安排，紧抓稳产保供，推进产业发展，促进渔民增收。数据显示，2024 年渔业经济总体保持平稳，水产品产量稳步增长，批发市场成交量额双增，进出口量增额减、贸易逆差收窄，渔民收入保持增长，渔业高质量发展成效显著。

一、全社会渔业经济总产值

按当年价格计算，全社会渔业经济总产值 34 172.29 亿元，其中渔业产值 16 754.80 亿元，渔业工业和建筑业产值 7 390.84 亿元，渔业流通和服务业产值 10 026.65 亿元，三个产业产值的比例为 49.0：21.6：29.3，如图 1 所示。渔业流通和服务业产值中，休闲渔业产值 988.60 亿元，同比增长 7.05％。

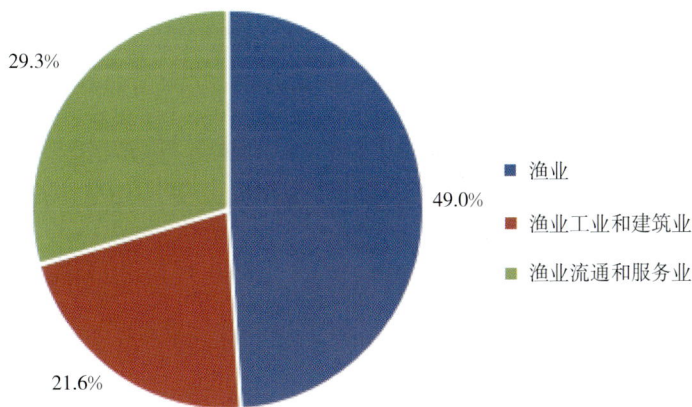

图 1　2024 年渔业经济总产值构成

渔业产值中（渔业产值以国家统计局年报数据为准），海洋捕捞产值 2 601.48 亿元，海水养殖产值 5 034.38 亿元，淡水捕捞产值 332.29 亿元，淡水养殖产值 8 786.65 亿元。渔业产值中，水产苗种产值 917.83 亿元。

渔业产值中，海水产品与淡水产品的产值比例为 45.6：54.4，养殖产品与捕捞产品的产值比例为 82.5：17.5。

二、渔民人均纯收入

2024 年，据对全国近 1 万户渔民家庭当年收支情况调查，全国渔民人均纯收入 27 131.00 元，比上年增加 1 353.79 元，同比增长 5.25%。

三、水产品产量及人均占有量

2024 年，全国水产品总产量 7 357.59 万吨，同比增长 3.39%。其中，养殖产量 6 060.03 万吨，同比增长 4.31%；捕捞产量 1 297.56 万吨，同比下降 0.69%；养殖产品与捕捞产品的产量比例为 82.4∶17.6，如表 1、表 2 所示。海水产品产量 3 708.87 万吨，同比增长 3.45%；淡水产品产量 3 648.72 万吨，同比增长 3.34%；海水产品与淡水产品的产量比例为 50.4∶49.6。

表 1　2024 年全国水产养殖产量

指　标	养殖产量（万吨）	海水养殖		淡水养殖	
		产量（万吨）	同比（%）	产量（万吨）	同比（%）
全国总计	**6 060.03**	**2 527.64**	**5.51**	**3 532.39**	**3.47**
鱼　类	3 058.74	216.21	5.11	2 842.52	2.56
甲 壳 类	784.79	214.46	4.35	570.33	7.04
贝　类	1 760.26	1 739.49	5.68	20.78	4.70
藻　类	304.21	302.94	5.48	1.26	13.74
其　他	152.04	54.54	6.68	97.50	10.01

表 2　2024 年国内捕捞产量

指　标	国内捕捞产量（万吨）	海洋捕捞		淡水捕捞	
		产量（万吨）	同比（%）	产量（万吨）	同比（%）
全国总计	**1 078.65**	**962.32**	**0.50**	**116.32**	**−0.44**
鱼　类	739.03	648.72	0.42	90.31	−0.59
甲 壳 类	200.24	188.16	−1.21	12.08	0.01
贝　类	48.53	35.70	1.09	12.82	1.10
藻　类	3.19	3.19	45.01		
头 足 类	59.79	59.79	0.73		
其　他	27.87	26.77	10.79	1.11	−9.63

2024 年，全国远洋渔业产量 218.91 万吨，同比下降 5.74%，占水产品总产量的 2.98%。

2024 年，全国水产品人均占有量 52.25 千克（按全国人口数为 140 828 万人计），比上年增加 1.77 千克，同比增长 3.51%。

四、水产养殖面积

2024 年，全国水产养殖面积 7 567.88 千公顷，同比下降 0.74%。其中，海水养殖面积 2 240.06 千公顷，同比增长 1.14%；淡水养殖面积 5 327.82 千公顷，同比下降 1.51%；海水养殖与淡水养殖的面积比例为 29.6：70.4，如表 3、表 4 所示。

表 3　2024 年全国海水养殖面积

指　标	海水养殖面积（千公顷）	同比（%）	占总面积比重（%）
全国总计	**2 240.06**	**1. 14**	
鱼　类	79.66	4.45	3.56
甲 壳 类	294.90	−0.70	13.17
贝　类	1 398.33	3.01	62.42
藻　类	150.46	0.60	6.72
其 他 类	316.71	−5.32	14.14

表 4　2024 年全国淡水养殖面积

指　标	淡水养殖面积（千公顷）	同比（%）	占总面积比重（%）
全国总计	**5 327.82**	**−1. 51**	
池　塘	2 624.59	−0.15	49.26
湖　泊	807.77	−2.60	15.16
水　库	1 605.62	−2.92	30.14
河　沟	149.47	1.97	2.81
其　他	140.38	−7.17	2.63

五、渔船年末拥有量

2024 年，年末渔船总数 48.57 万艘、总吨位 1 125.39 万吨。其中，机动渔船 33.54 万艘、总吨位 1 102.70 万吨、总功率 2 004.45 万千瓦；非机动渔船 15.03 万艘、总吨位为 22.69 万吨。

机动渔船中，生产渔船 31.81 万艘、总吨位 963.99 万吨、总功率 1 725.88万千瓦；辅助渔船 1.73 万艘、总吨位 138.72 万吨、总功率 278.57 万千瓦。

六、渔业人口和渔业从业人员

2024 年，渔业人口 1 582.47 万人，比上年减少 16.10 万人，同比下降 1.01%。渔业人口中传统渔民为 488.08 万人，比上年减少 18.20 万人，同比下降 3.59%。渔业从业人员 1 174.17 万人，比上年减少 2.06 万人，同比下降 0.18%。

七、水产品加工与贸易

截至 2024 年年底，全国水产加工企业 9 581 个，水产冷库 9 737 座。水产加工品总量 2 253.76 万吨，同比增长 2.47%。其中，海水加工产品 1 757.57 万吨，同比增长 2.59%；淡水加工产品 496.19 万吨，同比增长 2.02%。用于加工的水产品总量 2 647.99 万吨，同比增长 0.93%。其中，用于加工的海水产品 2 009.57 万吨，同比增长 1.36%；用于加工的淡水产品 638.43 万吨，同比下降 0.40%。

据海关总署统计，2024 年我国水产品进出口总量 1 117.20 万吨，同比增长 5.79%；进出口总额 438.36 亿美元，同比下降 0.91%。其中，出口量 423.96 万吨，同比增长 11.62%；出口额 207.40 亿美元，同比增长 1.35%；进口量 693.24 万吨，同比增长 2.52%；进口额 230.97 亿美元，同比下降 2.85%。贸易逆差 23.57 亿美元，比上年同期减少 9.54 亿美元。

八、渔业灾情

2024 年，由于渔业灾情造成水产品产量损失 48.15 万吨，受灾养殖面积 267.48 千公顷，直接经济损失 150.24 亿元。

2020—2024 年主要统计指标统计图

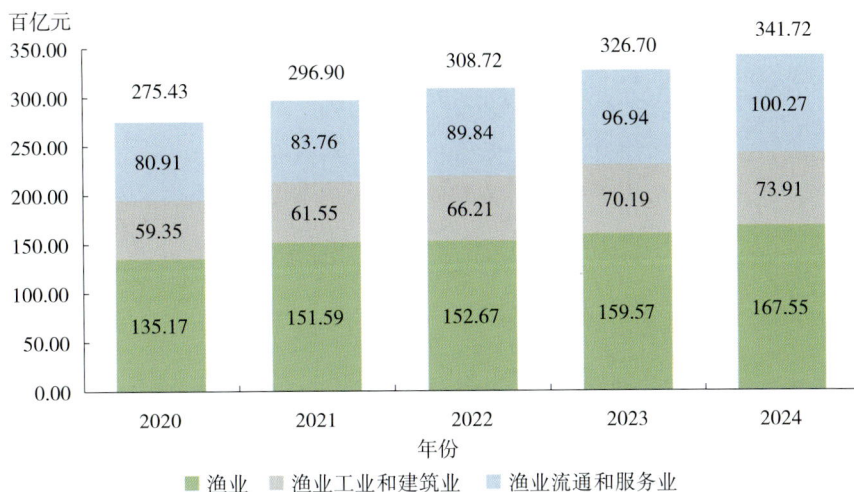

图 1 2020—2024 年全国渔业经济总产值及构成

注：2020—2021 年渔业产值含水产苗种产值，2022—2024 年渔业产值不含水产苗种产值。

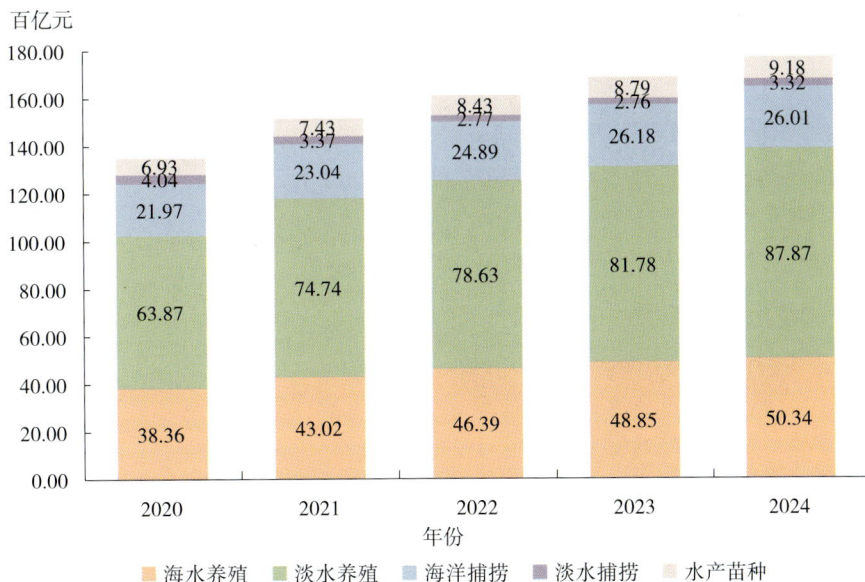

图 2 2020—2024 年全国渔业产值构成及水产苗种产值

元

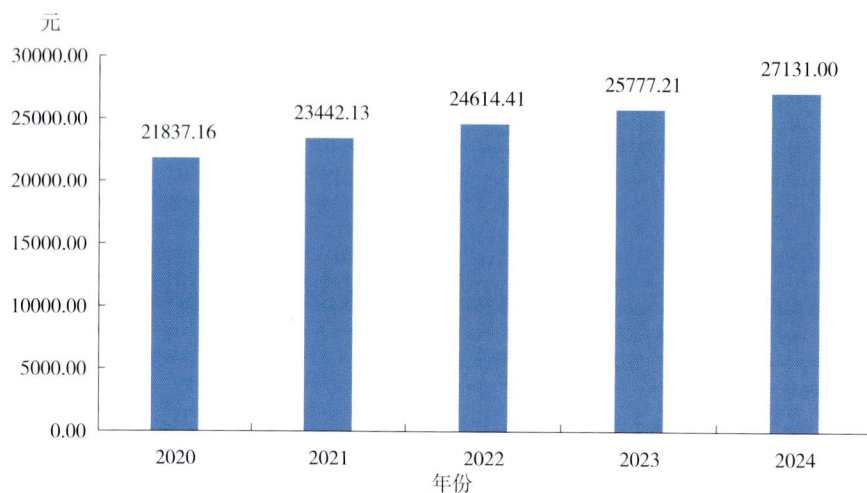

图 3　2020—2024 年全国渔民人均纯收入

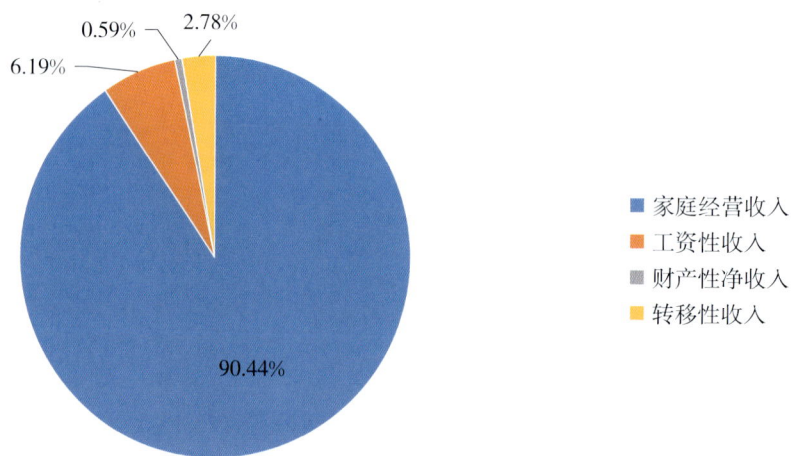

- 家庭经营收入
- 工资性收入
- 财产性净收入
- 转移性收入

图 4　2024 年全国渔民家庭人均总收入构成

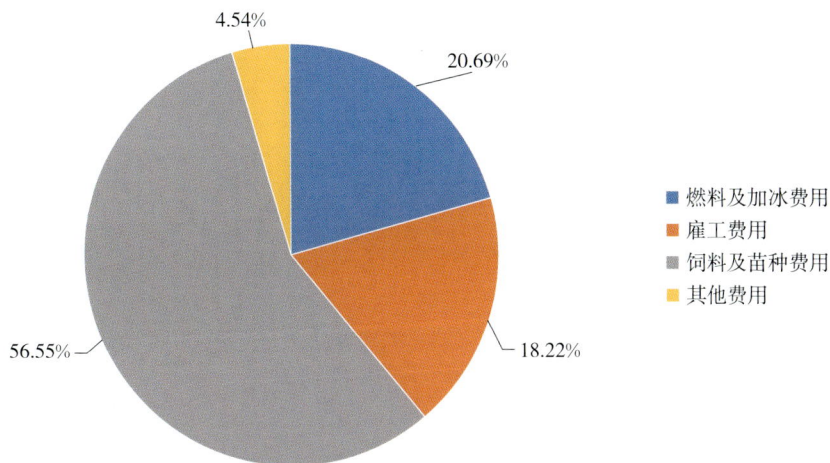

图 5　2024 年全国渔民家庭经营渔业人均支出构成

燃料及加冰费用 20.69%
雇工费用 18.22%
饲料及苗种费用 56.55%
其他费用 4.54%

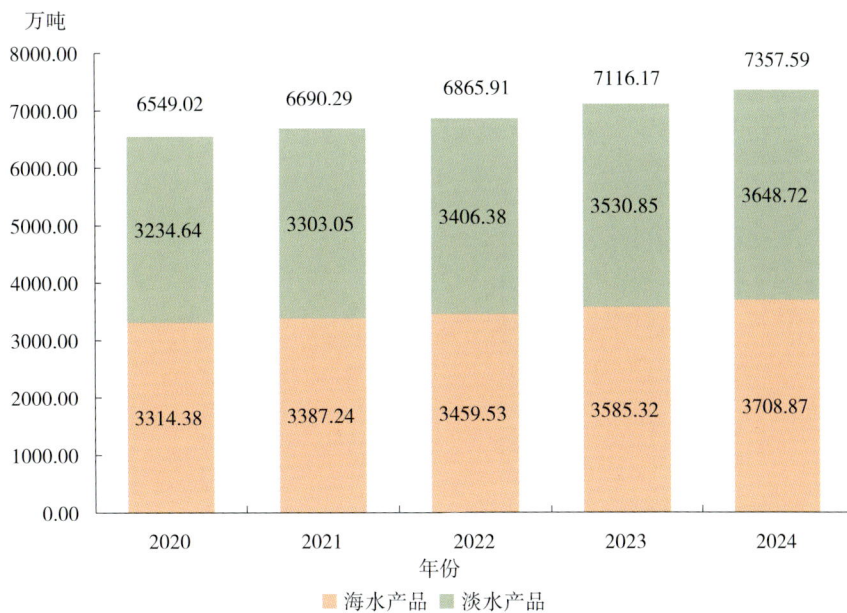

图 6　2020—2024 年全国水产品产量及构成

万吨

图 7　2020—2024 年全国养殖产品产量及构成

万吨

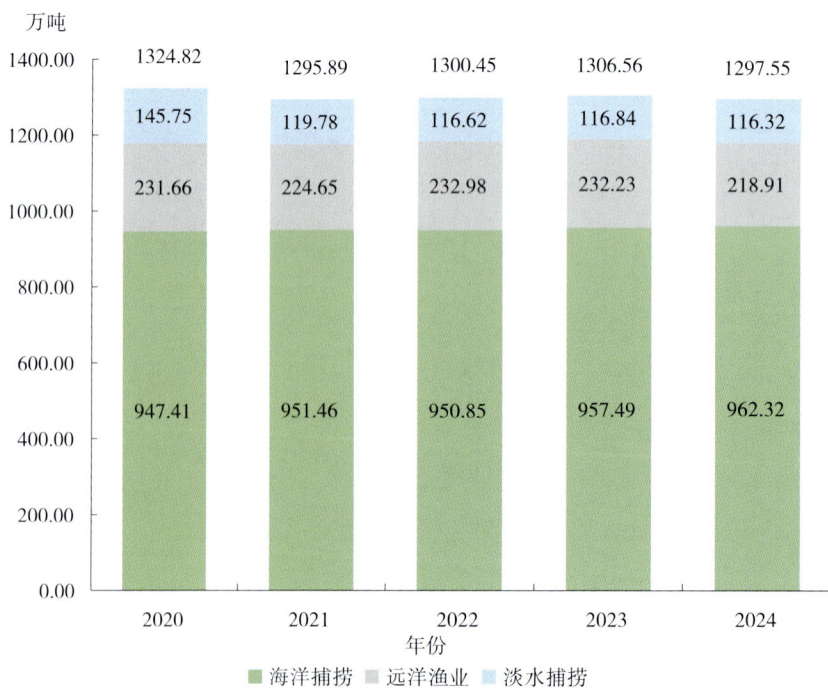

图 8　2020—2024 年全国捕捞产品产量及构成

万人

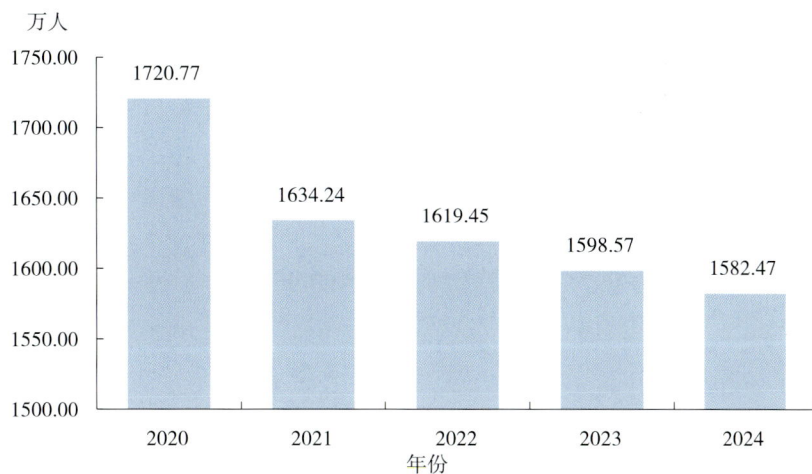

图 9　2020—2024 年全国渔业人口数量

万人

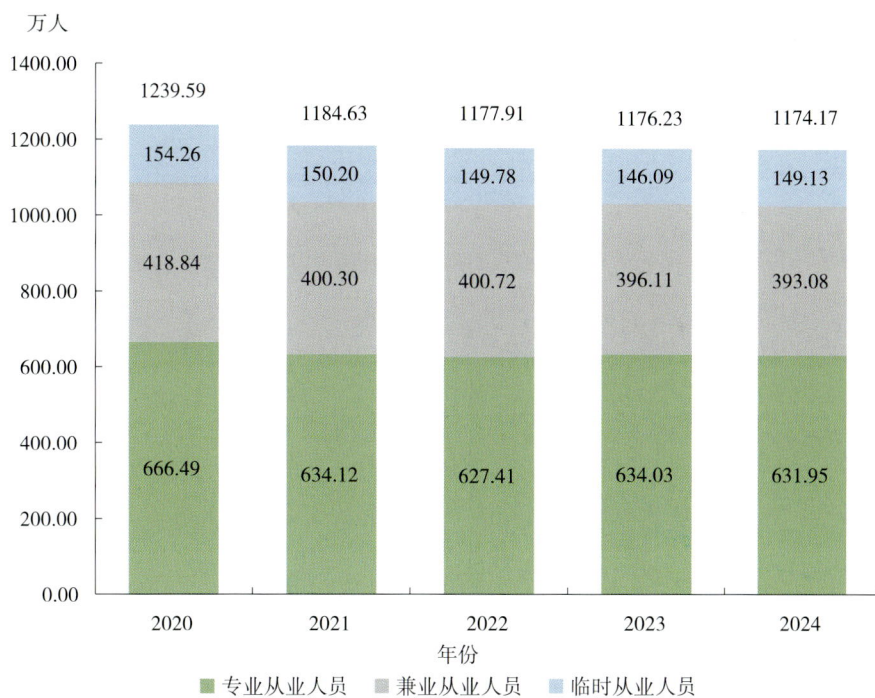

■ 专业从业人员　■ 兼业从业人员　■ 临时从业人员

图 10　2020—2024 年全国渔业从业人员数量及构成

年份

2024	2309675.16
2023	2377384.642
2022	2370646.263
2021	1802312.92
2020	1557130.38

0.00　　500000.00　　1000000.00　　1500000.00　　2000000.00　　2500000.00　万美元

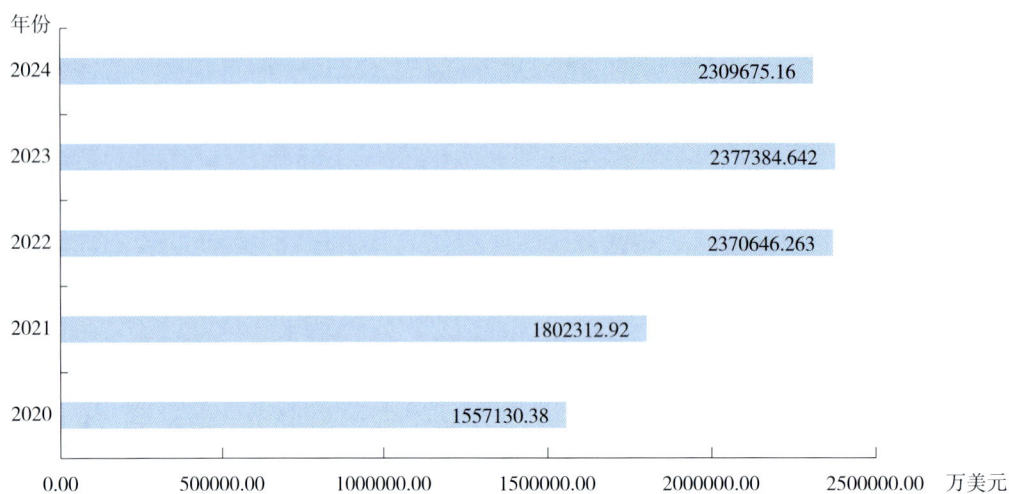

图 11　2020—2024 年全国水产品进口额

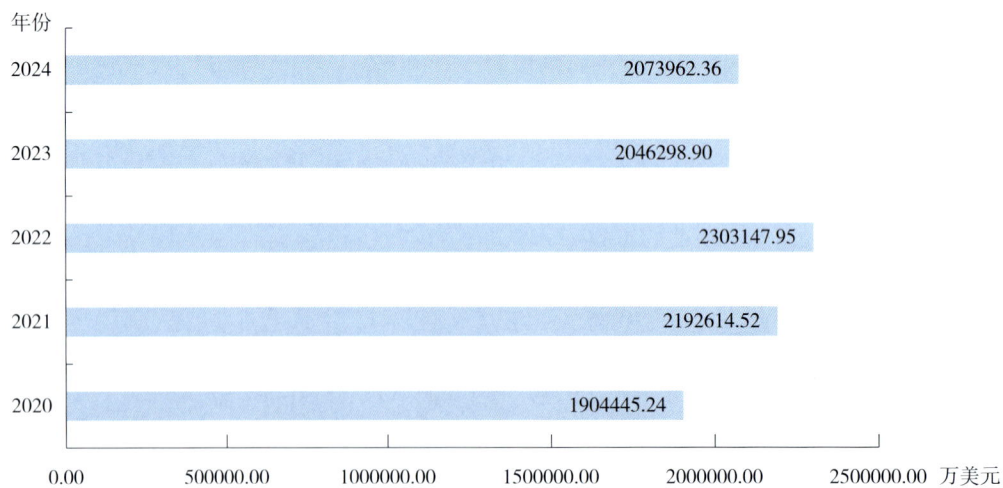

年份

2024	2073962.36
2023	2046298.90
2022	2303147.95
2021	2192614.52
2020	1904445.24

0.00　　500000.00　　1000000.00　　1500000.00　　2000000.00　　2500000.00　万美元

图 12　2020—2024 年全国水产品出口额

目 录

第一部分

经济核算

1-1　总产值

全国渔业经济总产值
（按当年价格计算）

单位：万元

指　标	2024 年	2023 年	2024 年比 2023 年增减（±）
渔业经济总产值	341 722 947.98	326 699 572.53	15 023 375.45
1. 渔业	167 547 999.32	159 573 544.57	7 974 454.75
其中：海水养殖	50 343 778.24	48 854 834.84	1 488 943.40
淡水养殖	87 866 504.42	81 779 162.77	6 087 341.65
海洋捕捞	26 014 839.05	26 183 064.90	−168 225.85
淡水捕捞	3 322 877.61	2 756 482.06	566 395.55
其中：水产苗种	9 178 325.82	8 793 866.27	384 459.55
2. 渔业工业和建筑业	73 908 430.71	70 188 430.45	3 720 000.26
其中：水产品加工	53 060 305.04	50 205 429.10	2 854 875.94
渔用机具制造	4 557 991.99	4 334 049.58	223 942.41
其中：渔船渔机修造	2 690 777.89	2 637 589.87	53 188.02
渔用绳网制造	1 583 519.32	1 489 546.58	93 972.74
渔用饲料	11 552 610.89	11 586 051.17	−33 440.28
渔用药物	400 746.35	379 737.78	21 008.57
建筑业	3 293 391.66	2 601 279.07	692 112.59
其他	1 043 384.78	1 081 883.75	−38 498.97
3. 渔业流通和服务业	100 266 517.95	96 937 597.51	3 328 920.44
其中：水产流通	79 295 851.38	77 249 256.50	2 046 594.88
水产（仓储）运输	6 105 348.16	5 671 015.40	434 332.76
休闲渔业	9 886 028.76	9 234 712.89	651 315.87
其他	4 979 289.65	4 782 612.72	196 676.93

注：渔业产值＝海水养殖＋淡水养殖＋海洋捕捞＋淡水捕捞。

各地区渔业经济总产值、渔业产值
（按当年价格计算）

单位：万元

地　　区	2024 年		2023 年		2024 年比 2023 年增减（±）		渔业产值占农业产值比重（％）
	渔业经济总产值	其中：渔业产值	渔业经济总产值	其中：渔业产值	渔业经济总产值	其中：渔业产值	
全国总计	341 722 947.98	167 547 999.32	326 699 572.53	159 573 544.57	15 023 375.45	7 974 454.75	10.2
北　　京	424 044.55	172 563.20	347 553.42	40 409.40	76 491.13	132 153.80	2.0
天　　津	814 165.10	777 013.00	749 612.08	719 100.00	64 553.02	57 913.00	14.4
河　　北	4 130 390.29	3 634 602.00	4 038 075.46	3 512 110.00	92 314.83	122 492.00	4.6
山　　西	159 317.08	106 103.10	154 963.34	95 877.57	4 353.74	10 225.53	0.4
内　蒙　古	296 796.21	221 239.58	280 319.14	207 537.75	16 477.07	13 701.83	0.7
辽　　宁	15 537 554.40	8 478 640.00	14 082 370.00	7 302 874.00	1 455 184.40	1 175 766.00	18.6
吉　　林	2 044 723.60	686 688.22	1 752 981.72	654 425.46	291 741.88	32 262.76	2.3
黑　龙　江	2 222 222.60	1 760 000.00	2 066 786.00	1 551 000.00	155 436.60	209 000.00	3.0
上　　海	546 185.18	488 811.05	586 167.99	527 088.86	−39 982.81	−38 277.81	18.2
江　　苏	40 555 598.89	19 950 044.36	39 282 510.82	19 032 133.00	1 273 088.07	917 911.36	21.5
浙　　江	27 442 305.91	14 500 076.91	26 467 109.90	13 752 503.90	975 196.01	747 573.01	34.8
安　　徽	12 021 567.44	7 214 719.29	11 384 864.10	6 832 723.53	636 703.34	381 995.76	11.3
福　　建	35 426 004.05	17 611 837.66	35 463 711.81	17 895 643.90	−37 707.76	−283 806.24	30.1
江　　西	12 490 565.00	6 097 707.00	12 031 401.08	5 614 106.10	459 163.92	483 600.90	12.8
山　　东	49 047 075.10	17 393 963.00	47 616 710.20	18 076 400.00	1 430 364.90	−682 437.00	13.6
河　　南	2 273 512.70	1 446 492.64	2 206 226.19	1 415 079.00	67 286.51	31 413.64	1.4
湖　　北	40 470 854.60	18 629 075.45	37 802 770.00	16 020 233.00	2 668 084.60	2 608 842.45	17.5
湖　　南	12 818 121.76	6 838 900.00	11 932 645.17	6 350 300.00	885 476.59	488 600.00	7.8
广　　东	47 182 532.00	20 978 067.67	44 202 818.63	20 053 082.84	2 979 713.37	924 984.83	21.6
广　　西	12 765 292.41	5 858 792.77	12 515 473.76	5 830 063.00	249 818.65	28 729.77	7.7
海　　南	7 997 817.26	5 950 336.93	6 982 662.02	5 230 392.75	1 015 155.24	719 944.18	22.8
重　　庆	2 322 202.93	1 481 585.00	2 230 799.49	1 428 650.00	91 403.44	52 935.00	4.5
四　　川	7 681 741.39	3 774 046.22	7 275 272.72	3 590 947.10	406 468.67	183 099.12	3.7
贵　　州	929 082.12	862 731.39	883 028.11	811 930.23	46 054.01	50 801.16	1.7
云　　南	2 359 346.97	1 437 469.72	2 187 723.10	1 342 618.04	171 623.87	94 851.68	2.0
西　　藏	3 341.23	3 223.11	1 505.07	1 505.07	1 836.16	1 718.04	0.1
陕　　西	686 512.92	445 358.98	630 420.45	425 799.11	56 092.47	19 559.87	0.8
甘　　肃	45 908.00	31 099.92	40 158.97	25 698.36	5 749.03	5 401.56	0.1
青　　海	62 155.30	52 930.00	68 187.00	63 870.00	−6 031.70	−10 940.00	0.8
宁　　夏	500 204.14	271 139.03	447 666.79	233 290.60	52 537.35	37 848.43	2.9
新　　疆	465 806.85	392 742.12	386 526.00	335 600.00	79 280.85	57 142.12	0.7
中农发集团	272 293.00	272 293.00	600 552.00	600 552.00	−328 259.00	−328 259.00	

各地区渔业经济总产值
（按当年价格计算）（一）

单位：万元

地　　区	总　　计	一、渔业产值			
		合　　计	海水养殖	淡水养殖	海洋捕捞
全国总计	341 722 947.98	167 547 999.32	50 343 778.24	87 866 504.42	26 014 839.05
北　　京	424 044.55	172 563.20		27 825.30	138 683.50
天　　津	814 165.10	777 013.00	48 827.00	611 469.00	109 486.00
河　　北	4 130 390.29	3 634 602.00	2 167 954.43	596 117.86	755 683.57
山　　西	159 317.08	106 103.10		105 179.06	
内　蒙　古	296 796.21	221 239.58		197 334.52	
辽　　宁	15 537 554.40	8 478 640.00	5 740 328.40	1 423 932.00	1 234 649.00
吉　　林	2 044 723.60	686 688.22		613 060.94	
黑　龙　江	2 222 222.60	1 760 000.00		1 324 000.00	
上　　海	546 185.18	488 811.05		265 906.51	222 876.61
江　　苏	40 555 598.89	19 950 044.36	3 499 930.38	13 549 141.22	1 895 962.29
浙　　江	27 442 305.91	14 500 076.91	3 219 799.53	3 467 814.32	7 572 287.45
安　　徽	12 021 567.44	7 214 719.29		6 895 083.36	
福　　建	35 426 004.05	17 611 837.66	11 293 749.06	2 253 770.32	3 916 632.02
江　　西	12 490 565.00	6 097 707.00		6 049 663.00	
山　　东	49 047 075.10	17 393 963.00	11 622 768.00	2 237 433.00	3 327 282.00
河　　南	2 273 512.70	1 446 492.64		1 287 092.50	
湖　　北	40 470 854.60	18 629 075.45		18 559 458.94	
湖　　南	12 818 121.76	6 838 900.00		6 835 500.00	
广　　东	47 182 532.00	20 978 067.67	9 050 633.13	9 840 522.51	1 961 098.09
广　　西	12 765 292.41	5 858 792.77	2 394 864.81	2 485 894.08	910 498.29
海　　南	7 997 817.26	5 950 336.93	1 304 923.50	616 655.50	3 969 700.23
重　　庆	2 322 202.93	1 481 585.00		1 481 585.00	
四　　川	7 681 741.39	3 774 046.22		3 774 046.22	
贵　　州	929 082.12	862 731.39		844 426.96	
云　　南	2 359 346.97	1 437 469.72		1 371 273.46	
西　　藏	3 341.23	3 223.11		564.20	
陕　　西	686 512.92	445 358.98		445 358.98	
甘　　肃	45 908.00	31 099.92		31 099.92	
青　　海	62 155.30	52 930.00		49 300.00	
宁　　夏	500 204.14	271 139.03		260 912.89	
新　　疆	465 806.85	392 742.12		365 082.85	
中农发集团	272 293.00	272 293.00			272 293.00

各地区渔业经济总产值
（按当年价格计算）（二）

单位：万元

地　　区	一、渔业产值（续）		二、渔业工业和建筑业		
	淡水捕捞	水产苗种	合　计	水产品加工	渔用机具制造 小　计
全国总计	**3 322 877.61**	**9 178 325.82**	**73 908 430.71**	**53 060 305.04**	**4 557 991.99**
北　　京	6 054.40	7 762.55	3 136.00	1 381.00	
天　　津	7 231.00	13 049.47	18 940.50	10 520.21	
河　　北	114 846.14	121 119.42	319 955.50	260 701.50	30 151.00
山　　西	924.04	1 948.70	40 423.65	2 654.00	
内　蒙　古	23 905.06	12 180.84	11 565.93	11 565.93	
辽　　宁	79 730.60	685 303.60	3 554 069.82	2 934 197.60	131 898.22
吉　　林	73 627.28	19 092.01	853 837.00	852 712.00	420.00
黑　龙　江	436 000.00	42 298.80	84 667.00	43 742.00	15.00
上　　海	27.93	7 000.30	34 348.00	34 348.00	
江　　苏	1 005 010.47	900 599.04	6 617 825.11	3 781 956.13	312 540.93
浙　　江	240 175.61	267 976.00	5 971 795.00	4 916 597.00	266 823.00
安　　徽	319 635.93	507 769.95	1 950 276.38	850 714.23	715 702.90
福　　建	147 686.26	825 952.32	12 772 873.64	10 790 025.00	735 888.15
江　　西	48 044.00	555 546.00	3 496 650.00	2 504 900.00	23 319.00
山　　东	206 480.00	921 016.10	16 346 028.17	12 672 045.17	2 044 203.00
河　　南	159 400.14	140 752.00	239 920.00	84 734.00	1 215.00
湖　　北	69 616.51	1 358 975.95	9 611 965.50	7 078 406.64	33 441.00
湖　　南	3 400.00	405 056.53	2 109 162.85	1 300 388.41	90 455.00
广　　东	125 813.94	986 748.20	5 847 881.54	2 951 413.23	85 412.50
广　　西	67 535.59	303 093.29	1 870 956.61	1 283 134.20	56 937.94
海　　南	59 057.70	437 029.12	1 182 655.93	475 666.90	26 832.74
重　　庆		95 856.19	160 433.14	22 452.45	1 801.61
四　　川		361 325.88	394 270.38	40 908.45	204.00
贵　　州	18 304.43	44 573.27	7 848.42	7 093.32	200.00
云　　南	66 196.26	96 269.72	220 970.93	70 247.95	15.00
西　　藏	2 658.91	19.00	118.12	88.12	
陕　　西		25 670.83	69 669.24	15 790.45	
甘　　肃		658.98	4 095.78	3 999.78	96.00
青　　海	3 630.00	950.00	7 691.00	7 691.00	
宁　　夏	10 226.14	27 859.06	46 317.20	9 364.00	
新　　疆	27 659.27	4 872.70	58 082.37	40 866.37	420.00
中农发集团					

各地区渔业经济总产值
（按当年价格计算）（三）

单位：万元

地　　区	二、渔业工业和建筑业（续）					
	渔用机具制造（续）		渔用饲料	渔用药物	建　筑	其　他
	渔船渔机修造	渔用绳网制造				
全国总计	2 690 777.89	1 583 519.32	11 552 610.89	400 746.35	3 293 391.66	1 043 384.78
北　京			1 575.00	180.00		
天　津			8 420.29			
河　北	7 271.00	21 566.00	26 993.00		1 890.00	220.00
山　西			399.00	37 370.65		
内　蒙　古						
辽　宁	98 792.22	33 106.00	234 395.00	12 539.21	156 920.79	84 119.00
吉　林	58.00	63.00	685.00	20.00		
黑　龙　江		15.00	39 316.00	877.00	717.00	
上　海						
江　苏	162 263.02	127 926.90	2 063 406.57	127 793.26	212 442.50	119 685.72
浙　江	136 215.00	112 926.00	598 634.00	55.00	106 091.00	83 595.00
安　徽	11 529.30	704 173.60	298 040.24	7 427.00	76 410.01	1 982.00
福　建	665 771.55	58 495.60	963 384.00	2 536.00	141 255.84	139 784.65
江　西	10 695.00	7 042.00	642 872.00	31 945.00	246 895.00	46 719.00
山　东	1 432 347.00	404 401.00	282 380.00	18 559.00	851 906.00	476 935.00
河　南	4.00	1 211.00	151 882.00	420.00	1 630.00	39.00
湖　北	1 028.00	28 636.00	1 959 861.05	95 656.50	407 285.31	37 315.00
湖　南	33 385.70	57 069.30	468 192.19	40 385.16	196 134.79	13 607.30
广　东	56 744.14	23 042.00	2 698 012.00	10 145.05	65 874.35	37 024.41
广　西	47 583.87	1 376.46	349 221.40	6 631.07	174 868.37	163.63
海　南	25 679.34	1 153.40	208 201.17		471 955.12	
重　庆	478.75	1 313.06	108 747.38	791.65	26 640.05	
四　川	204.00		276 388.26	6 467.00	70 196.67	106.00
贵　州	200.00		546.70	8.40		
云　南	12.00	3.00	105 120.20	518.79	44 667.99	401.00
西　藏			30.00			
陕　西			12 605.24	356.61	39 490.87	1 426.07
甘　肃	96.00					
青　海						
宁　夏			36 953.20			
新　疆	420.00		16 350.00	64.00	120.00	262.00
中农发集团						

各地区渔业经济总产值
（按当年价格计算）（四）

单位：万元

地　　区	三、渔业流通和服务业				
	合　　计	水产流通	水产（仓储）运输	休闲渔业	其　　他
全国总计	**100 266 517.95**	**79 295 851.38**	**6 105 348.16**	**9 886 028.76**	**4 979 289.65**
北　　京	248 345.35	202 691.80	2 164.00	43 489.55	
天　　津	18 211.60			17 247.60	964.00
河　　北	175 832.79	27 378.60	16 356.00	98 831.19	33 267.00
山　　西	12 790.33	4 802.93	50.00	7 825.40	112.00
内　蒙　古	63 990.70	24 241.51	4 698.28	35 050.91	
辽　　宁	3 504 844.58	2 502 581.40	513 700.10	360 655.08	127 908.00
吉　　林	504 198.38	343 311.93	6 155.00	153 279.45	1 452.00
黑　龙　江	377 555.60	295 404.20	19 556.00	59 910.40	2 685.00
上　　海	23 026.13	16 388.42		6 637.71	
江　　苏	13 987 729.42	12 211 584.74	615 853.37	779 006.90	381 284.41
浙　　江	6 970 434.00	6 103 059.00	263 446.00	316 183.00	287 746.00
安　　徽	2 856 571.77	2 105 137.77	239 492.10	468 540.90	43 401.00
福　　建	5 041 292.75	4 249 571.80	324 482.28	185 265.26	281 973.41
江　　西	2 896 208.00	2 337 905.00	126 112.00	328 347.00	103 844.00
山　　东	15 307 083.93	9 646 192.48	2 094 665.45	2 091 839.00	1 474 387.00
河　　南	587 100.06	430 546.28	30 547.00	124 847.48	1 159.30
湖　　北	12 229 813.65	8 121 421.19	892 034.46	1 477 118.00	1 739 240.00
湖　　南	3 870 058.91	2 828 639.07	271 599.85	408 432.73	361 387.26
广　　东	20 356 582.79	18 854 724.47	77 772.57	1 324 245.51	99 840.24
广　　西	5 035 543.03	4 779 261.87	179 211.38	53 758.81	23 310.97
海　　南	864 824.40	354 034.29	73 942.00	436 667.86	180.25
重　　庆	680 184.79	358 782.67	57 004.60	259 233.28	5 164.24
四　　川	3 513 424.79	2 723 633.68	220 498.43	564 927.00	4 365.68
贵　　州	58 502.31	10 391.97	673.87	47 266.47	170.00
云　　南	700 906.32	505 097.33	38 269.80	156 679.19	860.00
西　　藏					
陕　　西	171 484.70	105 754.05	19 409.61	43 246.40	3 074.64
甘　　肃	10 712.30	117.10	61.12	10 526.43	7.65
青　　海	1 534.30	331.00	82.30	1 121.00	
宁　　夏	182 747.91	147 510.83	15 421.59	19 340.29	475.20
新　　疆	14 982.36	5 354.00	2 089.00	6 508.96	1 030.40
中农发集团					

1-2 渔民家庭收支

全国渔民人均纯收入

单位：元

地 区	2024 年	2023 年	2024 年比 2023 年增减（±）	
			绝对量	幅度（%）
全国总计	27 131.00	25 777.21	1 353.79	5.25
北　京	15 416.75	14 236.30	1 180.45	8.29
天　津	29 543.29	29 142.63	400.66	1.37
河　北	27 805.30	26 358.29	1 447.01	5.49
山　西	15 696.90	14 475.03	1 221.87	8.44
内 蒙 古	16 397.01	16 304.96	92.05	0.56
辽　宁	29 857.43	28 171.83	1 685.60	5.98
吉　林	17 653.13	17 010.65	642.48	3.78
黑 龙 江	26 903.57	26 217.75	685.82	2.62
上　海	31 805.36	30 920.24	885.12	2.86
江　苏	31 261.90	30 510.52	751.38	2.46
浙　江	35 710.24	33 579.63	2 130.61	6.34
安　徽	29 491.32	27 539.35	1 951.97	7.09
福　建	30 712.34	29 122.92	1 589.42	5.46
江　西	23 752.20	22 517.13	1 235.07	5.49
山　东	28 094.77	27 089.75	1 005.02	3.71
河　南	20 961.34	19 408.17	1 553.17	8.00
湖　北	27 804.05	26 276.13	1 527.92	5.81
湖　南	23 048.92	22 523.03	525.89	2.33
广　东	27 381.84	25 201.04	2 180.80	8.65
广　西	24 089.98	22 899.38	1 190.60	5.20
海　南	18 187.90	17 745.42	442.48	2.49
重　庆	24 572.64	23 148.83	1 423.81	6.15
四　川	25 778.46	24 467.08	1 311.38	5.36
贵　州	14 894.73	14 303.26	591.47	4.14
云　南	23 680.14	22 991.54	688.60	3.00
西　藏				
陕　西	17 676.87	16 756.62	920.25	5.49
甘　肃	11 396.99	10 977.02	419.97	3.83
青　海	17 060.42	17 004.76	55.66	0.33
宁　夏	19 610.26	18 326.83	1 283.43	7.00
新　疆	21 276.43	20 528.30	748.13	3.64

各地区渔民家庭收支调查（一）

单位：元/人

地 区	一、家庭总收入	（一）家庭经营收入	其中：经营渔业	（二）工资性收入	其中：渔业	（三）财产净收入	其 中 1.红利收入
全国总计	**98 417.78**	**89 004.73**	**83 659.23**	**6 096.83**	**2 430.09**	**576.62**	**119.13**
北 京	70 564.87	59 260.34	56 836.21	7 519.14	198.28	253.66	98.49
天 津	189 606.29	177 693.13	175 485.35	8 816.97	3 578.61	990.23	
河 北	164 831.12	158 547.59	156 339.84	2 983.20	2 077.31	162.90	
山 西	85 733.71	83 278.35	81 205.80	2 446.43	348.21		
内 蒙 古	46 150.21	43 733.23	33 280.46	922.08	61.84	59.35	
辽 宁	176 078.97	168 273.06	163 409.33	4 388.91	1 752.54	1 035.99	23.84
吉 林	44 528.19	42 896.81	34 735.55	984.42		178.01	
黑 龙 江	99 442.93	97 713.48	90 261.47	590.82	110.61	483.27	
上 海	141 659.71	137 023.78	135 223.78	1 535.78		540.48	3.40
江 苏	125 402.34	115 136.19	112 771.94	5 576.52	624.00	1 211.59	110.34
浙 江	149 718.09	126 572.54	118 746.52	15 610.78	8 051.19	1 583.18	842.21
安 徽	81 492.04	73 641.53	66 390.51	5 267.70	1 170.13	500.77	20.29
福 建	92 485.89	84 387.75	81 459.14	6 294.44	2 359.47	234.22	105.23
江 西	70 751.13	63 207.75	58 793.92	3 566.98	1 005.15	227.42	35.09
山 东	99 490.24	92 272.85	87 874.36	3 011.35	945.31	1 584.79	11.93
河 南	62 429.22	56 315.15	52 227.42	4 322.10	192.37	345.96	152.23
湖 北	133 495.17	123 871.38	113 650.07	5 749.58	2 607.37	886.26	133.52
湖 南	60 865.65	51 990.50	45 411.00	5 890.05	2 419.70	317.46	76.44
广 东	79 763.49	67 683.98	63 491.83	10 073.80	5 649.59	82.45	10.57
广 西	84 627.98	72 554.74	67 098.97	5 795.70	1 694.82	−326.78	5.23
海 南	48 462.31	44 129.12	39 763.59	2 857.80	135.52	87.53	
重 庆	106 032.76	98 774.16	95 018.99	5 498.75	1 811.22	707.04	544.40
四 川	97 845.18	91 399.34	84 347.69	4 346.01	1 054.29	475.01	166.99
贵 州	26 711.30	22 885.05	18 592.34	2 778.15	174.15	26.85	
云 南	96 247.97	90 776.28	84 454.56	3 845.97	2 017.16	862.19	68.16
西 藏							
陕 西	132 348.96	126 981.66	123 669.31	4 119.69	2 722.01	651.35	
甘 肃	26 839.33	24 038.74	16 773.37	1 995.45	1 225.89	430.40	
青 海	20 812.50	10 312.50	6 875.00	10 500.00	6 875.00		
宁 夏	215 259.70	206 281.21	201 052.14	2 794.07	967.25		278.57
新 疆	197 543.93	192 179.92	190 924.69	5 364.02	5 020.92		

各地区渔民家庭收支调查（二）

单位：元/人

地 区	一、家庭总收入（续）						二、家庭经营费用支出
	（三）财产净收入（续） 其中（续） 2. 转让经营权租金收入	（四）转移性收入	1. 生产补贴（惠农补贴）	其中：渔业补贴	2. 社会救济或政策性生活补贴	3. 其他转移性收入	
全国总计	**142.22**	**2 739.60**	**1 061.26**	**966.42**	**46.75**	**1 631.59**	**63 321.57**
北 京		3 531.72	4.31	4.31		3 527.41	51 245.26
天 津	698.27	2 105.96			76.11	2 029.84	142 603.26
河 北	134.75	3 137.44	2 604.64	2 604.64	73.68	459.11	119 457.13
山 西		8.93				8.93	64 133.93
内 蒙 古	59.35	1 435.56	463.50	149.55	82.49	889.57	24 735.29
辽 宁	418.76	2 381.01	629.53	464.84	11.90	1 739.58	130 040.12
吉 林	57.36	468.95	158.60			310.35	22 877.18
黑 龙 江	432.12	655.36	300.68			354.69	67 067.02
上 海		2 559.68	1 043.54	1 043.54	3.40	1 512.74	98 583.50
江 苏	385.32	3 478.03	822.26	791.97	77.12	2 578.66	79 316.26
浙 江	104.17	5 951.58	2 994.34	2 300.77	122.70	2 834.55	95 215.98
安 徽	167.49	2 082.03	427.64	67.26	21.90	1 632.50	44 315.27
福 建	37.48	1 569.48	745.70	741.82	48.10	775.68	56 573.07
江 西	83.84	3 748.99	77.52	10.76	74.62	3 596.85	44 333.44
山 东	155.61	2 621.25	1 894.29	1 852.42	33.12	693.84	59 679.58
河 南	62.08	1 446.00	45.90	5.27	69.61	1 330.50	38 733.85
湖 北	253.45	2 987.94	561.29	468.26	47.42	2 379.22	96 588.41
湖 南	24.93	2 667.64	373.20	227.48	14.26	2 280.17	35 616.65
广 东	56.48	1 923.26	1 010.10	1 010.10	38.91	874.25	49 510.04
广 西	50.32	6 604.31	4 417.81	4 414.05	58.89	2 127.62	53 171.20
海 南		1 387.86	735.56	735.56	43.88	608.42	29 464.60
重 庆	128.60	1 052.82	59.82	10.00	49.28	943.72	68 074.51
四 川	143.42	1 624.81	84.96	57.81	11.12	1 528.74	63 047.03
贵 州	19.66	1 021.24	230.94	207.13	67.67	722.63	10 453.35
云 南	604.35	763.53	100.86	73.96	52.38	610.28	65 724.32
西 藏							
陕 西	568.34	596.26	372.32	276.83		223.94	105 413.90
甘 肃	22.28	374.75	73.22	5.20	31.98	269.56	12 480.27
青 海							3 656.25
宁 夏	278.57	5 905.86	4 791.09	4 784.88		1 114.77	187 004.23
新 疆							169 156.90

各地区渔民家庭收支调查（三）

单位：元/人

地　区	二、家庭经营费用支出（续）					三、生产性固定资产折旧	其中：渔业固定资产折旧
	其中：经营渔业支出	1. 燃料及冰费用	2. 雇工费用	3. 饲料及苗种费用	4. 其他费用		
全国总计	**61 081.65**	**12 639.52**	**11 126.27**	**34 539.73**	**2 776.12**	**4 377.87**	**3 994.24**
北　京	51 123.71	8 935.34	3 043.10	36 750.00	2 395.26	2 893.10	1 836.78
天　津	142 057.59	8 685.64	10 120.36	120 741.64	2 509.95	1 968.20	1 865.63
河　北	118 741.96	17 242.06	46 692.35	50 303.01	4 504.54	4 742.73	4 684.77
山　西	63 217.41	6 892.86	5 309.38	48 577.23	2 437.95	5 808.45	5 466.19
内 蒙 古	21 584.69	2 832.61	2 076.05	15 557.21	1 118.82	4 471.88	2 128.62
辽　宁	128 280.01	23 764.24	25 573.70	72 146.33	6 795.74	9 271.53	9 090.16
吉　林	22 030.82	2 538.19	3 064.73	15 640.09	787.80	1 208.72	839.93
黑 龙 江	64 115.88	7 593.98	4 680.93	49 836.62	2 004.35	2 062.11	1 609.27
上　海	97 318.87	10 845.02	11 493.14	67 683.57	7 297.14	2 547.57	2 547.57
江　苏	78 419.00	11 160.61	15 081.18	49 626.31	2 550.91	6 255.50	5 794.37
浙　江	93 492.97	22 434.21	23 512.66	42 071.11	5 474.99	9 104.93	8 106.19
安　徽	41 342.04	2 869.87	4 826.55	31 359.51	2 286.10	1 139.88	1 028.68
福　建	55 655.96	13 706.41	12 186.56	27 321.28	2 441.71	4 746.63	4 682.40
江　西	42 129.18	2 642.06	2 501.39	35 734.40	1 251.32	677.54	616.63
山　东	57 653.71	17 224.48	20 855.76	16 048.96	3 524.50	10 442.89	9 268.45
河　南	37 955.66	4 502.19	959.90	31 933.06	560.51	700.87	554.87
湖　北	91 275.35	7 369.00	10 635.39	67 209.47	6 061.50	3 875.02	3 001.84
湖　南	32 984.97	2 143.58	2 426.52	27 028.45	1 386.41	827.95	545.62
广　东	47 288.60	26 225.53	12 976.08	6 378.07	1 708.92	2 783.43	2 717.42
广　西	51 182.71	19 811.52	6 247.09	24 233.78	890.32	5 858.87	5 714.78
海　南	26 234.53	6 508.66	2 166.32	16 540.18	1 019.36	705.09	695.15
重　庆	66 243.51	3 779.38	4 812.99	55 120.66	2 530.47	4 989.48	4 116.76
四　川	60 081.26	4 564.51	4 477.05	48 084.28	2 955.42	2 986.01	2 796.75
贵　州	9 323.66	1 400.72	940.37	6 755.71	226.86	1 084.28	678.41
云　南	63 424.42	4 435.47	4 501.01	52 449.50	2 038.43	873.93	640.23
西　藏							
陕　西	104 742.08	7 225.87	8 841.31	87 240.54	1 434.36	3 526.18	2 616.50
甘　肃	10 733.34	291.16	1 489.60	8 145.59	806.98	2 764.24	2 186.35
青　海	3 656.25	3 625.00	0.00	0.00	31.25	95.83	95.83
宁　夏	183 978.84	13 298.32	11 740.19	153 087.60	5 852.73	2 810.58	1 539.50
新　疆	169 156.90	8 962.34	15 669.46	143 786.61	738.49	6 782.15	6 782.15

各地区渔民家庭收支调查（四）

单位：元/人

地 区	四、税费支出	其中：渔业税费支出	五、转移性支出	六、纯收入	其中：渔业纯收入	七、可支配收入	八、生活消费支出
全国总计	**3 587.34**	**3 356.88**	**1 898.27**	**27 131.00**	**18 622.97**	**26 703.05**	**13 402.56**
北　京	1 009.76	1 009.76	1 353.05	15 416.75	3 068.55	15 105.45	15 662.76
天　津	15 491.54	15 491.54	1 524.39	29 543.29	19 649.18	28 428.93	14 036.75
河　北	12 825.95	12 812.33	1 408.03	27 805.30	24 782.73	28 650.26	12 059.73
山　西	94.42	56.92	1 771.65	15 696.90	12 813.50	14 114.28	11 453.28
内 蒙 古	546.02	259.97	1 484.61	16 397.01	9 518.58	15 182.72	9 235.08
辽　宁	6 909.89	5 910.49	4 589.85	29 857.43	22 346.06	26 204.59	18 137.82
吉　林	2 789.16	2 778.80	525.36	17 653.13	9 086.00	17 309.80	8 265.53
黑 龙 江	3 410.23	3 408.60	392.04	26 903.57	21 238.33	27 565.67	7 837.19
上　海	8 723.28	8 723.28	1 534.66	31 805.36	27 677.59	30 901.34	11 334.34
江　苏	8 568.68	8 381.18	2 953.58	31 261.90	21 593.36	29 738.22	12 024.19
浙　江	9 686.94	8 088.06	4 317.09	35 710.24	19 411.26	32 297.54	19 232.51
安　徽	6 545.57	6 250.35	1 603.54	29 491.32	19 006.82	29 801.50	11 042.74
福　建	453.85	450.50	887.65	30 712.34	23 771.57	30 331.12	11 488.30
江　西	1 987.95	1 888.89	1 468.52	23 752.20	15 175.14	24 697.87	9 900.38
山　东	1 273.00	1 253.47	2 089.02	28 094.77	22 496.46	27 372.03	10 920.70
河　南	2 033.17	2 026.08	741.23	20 961.34	11 888.45	20 883.99	7 204.41
湖　北	5 227.69	4 758.17	2 479.17	27 804.05	17 690.34	29 930.59	17 656.88
湖　南	1 372.13	990.79	1 665.30	23 048.92	13 536.80	23 007.85	10 467.87
广　东	88.17	81.57	1 273.54	27 381.84	20 063.91	26 240.43	11 682.11
广　西	1 507.92	1 476.14	1 691.44	24 089.98	14 834.22	24 305.84	13 466.62
海　南	104.72	104.72	1 124.69	18 187.90	13 600.22	18 183.33	61 259.30
重　庆	8 396.13	8 176.68	2 387.05	24 572.64	18 303.27	23 402.53	9 930.73
四　川	6 033.68	6 023.01	1 580.33	25 778.46	16 558.77	26 024.40	10 389.35
贵　州	278.94	209.36	574.28	14 894.73	8 762.19	14 474.43	6 394.88
云　南	5 969.59	5 914.37	1 503.86	23 680.14	16 566.69	22 455.57	11 365.57
西　藏							
陕　西	5 732.01	5 575.06	1 508.73	17 676.87	13 734.50	17 819.36	14 564.76
甘　肃	197.83	192.81	759.70	11 396.99	4 891.96	10 907.27	5 598.00
青　海	0.00	0.00	550.00	17 060.42	9 997.92	17 611.11	2 901.88
宁　夏	5 834.64	5 825.34	2 689.74	19 610.26	15 460.59	17 461.98	15 931.90
新　疆	328.45	328.45	822.18	21 276.43	19 678.10	21 162.63	14 948.95

2025

第二部分

生　产

2-1 水产品总产量

全国水产品总产量

单位：吨

指　　标	2024 年	2023 年	2024 年比 2023 年增减（±）	
			绝对量	幅度（%）
全国总计	73 575 880	71 161 716	2 414 164	3.39
海水产品	37 088 722	35 853 172	1 235 550	3.45
淡水产品	36 487 158	35 308 544	1 178 614	3.34
养殖产量	60 600 316	58 096 109	2 504 207	4.31
海水养殖	25 276 388	23 955 970	1 320 418	5.51
淡水养殖	35 323 928	34 140 139	1 183 789	3.47
捕捞产量	12 975 564	13 065 607	−90 043	−0.69
海洋捕捞	9 623 220	9 574 869	48 351	0.50
远洋渔业	2 189 114	2 322 333	−133 219	−5.74
淡水捕捞	1 163 230	1 168 405	−5 175	−0.44
养殖产品中：鱼类	30 587 366	29 773 022	814 344	2.74
甲壳类	7 847 889	7 383 530	464 359	6.29
贝类	17 602 626	16 659 011	943 615	5.66
藻类	3 042 050	2 883 051	158 999	5.51
其他类	1 520 385	1 397 495	122 890	8.79
捕捞产品中：鱼类	7 390 262	7 368 432	21 830	0.30
甲壳类	2 002 409	2 025 401	−22 992	−1.14
贝类	485 250	480 022	5 228	1.09
藻类	31 862	21 976	9 886	44.99
头足类	597 931	593 590	4 341	0.73
其他类	278 736	253 853	24 883	9.80

各地区水产品产量（一）

单位：吨

地　　区	2024 年							
	总产量	1. 养殖产品小计	（1）海水养殖	（2）淡水养殖	2. 捕捞产品小计	（1）海洋捕捞	（2）远洋渔业	（3）淡水捕捞
全国总计	73 575 880	60 600 316	25 276 388	35 323 928	12 975 564	9 623 220	2 189 114	1 163 230
北　　京	70 657	11 623		11 623	59 034		56 886	2 148
天　　津	299 459	263 800	12 368	251 432	35 659	26 697	6 337	2 625
河　　北	1 180 239	914 161	633 084	281 077	266 078	196 085	24 589	45 404
山　　西	58 211	57 888		57 888	323			323
内 蒙 古	115 563	104 104		104 104	11 459			11 459
辽　　宁	5 358 729	4 628 829	3 822 811	806 018	729 900	511 081	186 158	32 661
吉　　林	266 040	247 803		247 803	18 237			18 237
黑 龙 江	813 796	762 867		762 867	50 929			50 929
上　　海	220 473	99 415		99 415	121 058	9 434	111 258	366
江　　苏	5 361 093	4 717 642	1 023 145	3 694 497	643 451	415 952	42 199	185 300
浙　　江	6 495 120	3 161 705	1 722 197	1 439 508	3 333 415	2 574 647	588 029	170 739
安　　徽	2 612 167	2 514 472		2 514 472	97 695			97 695
福　　建	9 246 841	7 120 127	6 133 435	986 692	2 126 714	1 527 838	525 740	73 136
江　　西	3 032 851	3 022 406		3 022 406	10 445			10 445
山　　东	9 527 030	7 229 816	6 062 717	1 167 099	2 297 214	1 735 590	453 919	107 705
河　　南	1 004 362	893 331		893 331	111 031			111 031
湖　　北	5 464 305	5 440 709		5 440 709	23 596			23 596
湖　　南	2 991 016	2 989 588		2 989 588	1 428			1 428
广　　东	9 663 663	8 276 028	3 768 275	4 507 753	1 387 635	1 137 803	177 469	72 363
广　　西	3 886 736	3 319 104	1 792 736	1 526 368	567 632	475 005	16 530	76 097
海　　南	1 813 607	789 409	305 620	483 789	1 024 198	1 013 088		11 110
重　　庆	611 565	611 565		611 565				
四　　川	1 872 451	1 872 451		1 872 451				
贵　　州	295 250	291 017		291 017	4 233			4 233
云　　南	720 230	691 978		691 978	28 252			28 252
西　　藏	598	106		106	492			492
陕　　西	186 550	186 550		186 550				
甘　　肃	16 741	16 741		16 741				
青　　海	19 212	14 831		14 831	4 381			4 381
宁　　夏	178 801	171 546		171 546	7 255			7 255
新　　疆	192 524	178 704		178 704	13 820			13 820
中农发集团	193 649				193 649		193 649	

各地区水产品产量（二）

单位：吨

地 区	2023 年							
	总产量	1. 养殖产品小计	（1）海水养殖	（2）淡水养殖	2. 捕捞产品小计	（1）海洋捕捞	（2）远洋渔业	（3）淡水捕捞
全国总计	71 161 716	58 096 109	23 955 970	34 140 139	13 065 607	9 574 869	2 322 333	1 168 405
北 京	18 554	9 894		9 894	8 660		45 540	1 368
天 津	291 197	254 422	10 605	243 817	36 775	27 101	7 039	2 635
河 北	1 147 389	876 753	608 091	268 662	270 636	190 146	39 201	41 289
山 西	55 455	54 991		54 991	464			464
内 蒙 古	111 657	101 703		101 703	9 954			9 954
辽 宁	5 081 185	4 379 783	3 567 798	811 985	701 402	493 661	173 668	34 073
吉 林	255 310	236 799		236 799	18 511			18 511
黑 龙 江	775 427	724 847		724 847	50 580			50 580
上 海	227 280	99 788		99 788	127 492	9 596	117 399	497
江 苏	5 220 527	4 571 692	950 899	3 620 793	648 835	417 605	51 356	179 874
浙 江	6 479 255	2 998 955	1 618 059	1 380 896	3 480 300	2 572 000	784 810	163 947
安 徽	2 540 415	2 441 235		2 441 235	99 180			99 180
福 建	8 901 956	6 749 291	5 798 416	950 875	2 152 665	1 529 038	550 871	72 756
江 西	2 966 762	2 935 237		2 935 237	31 525			31 525
山 东	9 139 462	6 939 404	5 810 029	1 129 375	2 200 058	1 723 239	380 431	104 956
河 南	979 498	869 392		869 392	110 106			110 106
湖 北	5 227 890	5 206 376		5 206 376	21 514			21 514
湖 南	2 858 964	2 857 278		2 857 278	1 686			1 686
广 东	9 240 225	7 957 083	3 572 835	4 384 248	1 283 142	1 136 931	156 010	74 438
广 西	3 785 901	3 214 282	1 732 371	1 481 911	571 619	475 555	16 008	80 056
海 南	1 751 693	739 147	286 867	452 280	1 012 546	999 997		12 549
重 庆	588 903	588 903		588 903				
四 川	1 788 643	1 788 643		1 788 643				
贵 州	281 547	277 208		277 208	4 339			4 339
云 南	701 723	672 811		672 811	28 912			28 912
西 藏	224	58		58	166			166
陕 西	180 409	180 409		180 409				
甘 肃	14 883	14 883		14 883				
青 海	18 899	15 246		15 246	3 653			3 653
宁 夏	174 974	168 182		168 182	6 792			6 792
新 疆	183 999	171 414		171 414	12 585			12 585
中农发集团	171 510				171 510		171 510	

各地区水产品产量（三）

单位：吨

地　　区	2024 年比 2023 年增减（±）							
	总产量	1. 养殖产品小计	（1）海水养殖	（2）淡水养殖	2. 捕捞产品小计	（1）海洋捕捞	（2）远洋渔业	（3）淡水捕捞
全国总计	**2 414 164**	**2 504 207**	**1 320 418**	**1 183 789**	**−90 043**	**48 351**	**−133 219**	**−5 175**
北　　京	52 103	1 729		1 729	50 374		11 346	780
天　　津	8 262	9 378	1 763	7 615	−1 116	−404	−702	−10
河　　北	32 850	37 408	24 993	12 415	−4 558	5 939	−14 612	4 115
山　　西	2 756	2 897		2 897	−141			−141
内 蒙 古	3 906	2 401		2 401	1 505			1 505
辽　　宁	277 544	249 046	255 013	−5 967	28 498	17 420	12 490	−1 412
吉　　林	10 730	11 004		11 004	−274			−274
黑 龙 江	38 369	38 020		38 020	349			349
上　　海	−6 807	−373		−373	−6 434	−162	−6 141	−131
江　　苏	140 566	145 950	72 246	73 704	−5 384	−1 653	−9 157	5 426
浙　　江	15 865	162 750	104 138	58 612	−146 885	2 647	−196 781	6 792
安　　徽	71 752	73 237		73 237	−1 485			−1 485
福　　建	344 885	370 836	335 019	35 817	−25 951	−1 200	−25 131	380
江　　西	66 089	87 169		87 169	−21 080			−21 080
山　　东	387 568	290 412	252 688	37 724	97 156	12 351	73 488	2 749
河　　南	24 864	23 939		23 939	925			925
湖　　北	236 415	234 333		234 333	2 082			2 082
湖　　南	132 052	132 310		132 310	−258			−258
广　　东	423 438	318 945	195 440	123 505	104 493	872	21 459	−2 075
广　　西	100 835	104 822	60 365	44 457	−3 987	−550	522	−3 959
海　　南	61 914	50 262	18 753	31 509	11 652	13 091		−1 439
重　　庆	22 662	22 662		22 662				
四　　川	83 808	83 808		83 808				
贵　　州	13 703	13 809		13 809	−106			−106
云　　南	18 507	19 167		19 167	−660			−660
西　　藏	374	48		48	326			326
陕　　西	6 141	6 141		6 141				
甘　　肃	1 858	1 858		1 858				
青　　海	313	−415		−415	728			728
宁　　夏	3 827	3 364		3 364	463			463
新　　疆	8 525	7 290		7 290	1 235			1 235
中农发集团	22 139				22 139		22 139	

2-2 水产养殖

全国水产养殖产量（按水域和养殖方式分）

单位：吨

指 标		2024 年	2023 年	2024 年比 2023 年增减（±）	
				绝对量	幅度（%）
全国总计		60 600 316	58 096 109	2 504 207	4.31
	1. 海水养殖	25 276 388	23 955 970	1 320 418	5.51
按水域分	海上	15 913 372	14 615 913	1 297 459	8.88
	滩涂	6 150 572	6 289 343	−138 771	−2.21
	其他	3 212 444	3 050 714	161 730	5.30
养殖方式中	池塘	3 243 565	3 115 841	127 724	4.10
	普通网箱	708 110	703 445	4 665	0.66
	深水网箱	497 655	472 785	24 870	5.26
	筏式	8 080 847	7 698 018	382 829	4.97
	吊笼	2 251 055	1 883 001	368 054	19.55
	底播	5 930 672	5 664 397	266 275	4.70
	工厂化	467 770	444 679	23 091	5.19
	2. 淡水养殖	35 323 928	34 140 139	1 183 789	3.47
按水域分	池塘	25 214 028	24 531 933	682 095	2.78
	湖泊	977 785	959 996	17 789	1.85
	水库	3 147 143	3 055 800	91 343	2.99
	河沟	490 913	485 583	5 330	1.10
	其他	1 060 463	940 328	120 135	12.78
	稻田养成鱼	4 433 596	4 166 499	267 097	6.41
养殖方式中	围栏	33 958	31 033	2 925	9.43
	网箱	319 988	271 202	48 786	17.99
	工厂化	572 608	501 699	70 909	14.13

全国海水养殖产量（一）

单位：吨

指　　　标	2024 年	2023 年	2024 年比 2023 年增减（±）	
			绝对量	幅度（%）
海水养殖	25 276 388	23 955 970	1 320 418	5.51
1. 鱼类	2 162 149	2 057 102	105 047	5.11
其中：鲈鱼	257 076	246 918	10 158	4.11
鲆鱼	110 304	101 935	8 369	8.21
大黄鱼	292 615	280 997	11 618	4.13
军曹鱼	44 926	33 210	11 716	35.28
鲥鱼	18 192	19 352	−1 160	−5.99
鲷鱼	157 047	147 314	9 733	6.61
美国红鱼	64 719	64 749	−30	−0.05
河鲀	15 100	15 152	−52	−0.34
石斑鱼	267 488	241 480	26 008	10.77
鲽鱼	13 430	12 904	526	4.08
卵形鲳鲹	305 552	292 263	13 289	4.55
2. 甲壳类	2 144 565	2 055 110	89 455	4.35
虾	1 858 252	1 766 331	91 921	5.20
其中：南美白对虾	1 533 758	1 429 832	103 926	7.27
斑节对虾	137 965	128 420	9 545	7.43
中国对虾	27 249	27 140	109	0.40
日本对虾	44 499	45 968	−1 469	−3.20
蟹	286 313	288 779	−2 466	−0.85
其中：梭子蟹	97 696	101 614	−3 918	−3.86
青蟹	162 349	157 012	5 337	3.40

全国海水养殖产量（二）

单位：吨

指 标	2024 年	2023 年	2024 年比 2023 年增减（±）	
			绝对量	幅度（%）
3. 贝类	17 394 861	16 460 579	934 282	5.68
其中：牡蛎	7 252 494	6 671 197	581 297	8.71
鲍	251 897	244 991	6 906	2.82
螺	361 919	339 737	22 182	6.53
蚶	332 384	343 500	−11 116	−3.24
贻贝	781 441	777 065	4 376	0.56
江珧	3 377	3 769	−392	−10.40
扇贝	1 947 170	1 854 344	92 826	5.01
蛤	4 738 952	4 449 106	289 846	6.51
蛏	892 788	850 743	42 045	4.94
4. 藻类	3 029 420	2 871 947	157 473	5.48
其中：海带	1 860 893	1 779 885	81 008	4.55
裙带菜	231 334	205 551	25 783	12.54
紫菜	208 924	209 939	−1 015	−0.48
江蓠	620 484	546 227	74 257	13.59
麒麟菜	562	395	167	42.28
石花菜				
羊栖菜	38 969	41 321	−2 352	−5.69
苔菜				
5. 其他类	545 393	511 232	34 161	6.68
其中：海参	326 172	292 045	34 127	11.69
海胆（千克）	7 375 843	4 770 648	2 605 195	54.61
海水珍珠（千克）	1 938	2 149	−211	−9.82
海蜇	82 992	80 521	2 471	3.07

全国淡水养殖产量

单位：吨

指　　　标	2024 年	2023 年	2024 年比 2023 年增减（±）	
			绝对量	幅度（%）
淡水养殖产量	**35 323 928**	**34 140 139**	**1 183 789**	**3.47**
1. 鱼类	28 425 217	27 715 920	709 297	2.56
2. 甲壳类	5 703 324	5 328 420	374 904	7.04
虾	4 808 929	4 439 791	369 138	8.31
其中：罗氏沼虾	245 655	196 374	49 281	25.10
青虾	223 264	226 392	−3 128	−1.38
克氏原螯虾	3 447 578	3 161 022	286 556	9.07
南美白对虾	840 127	808 558	31 569	3.90
蟹（河蟹）	894 395	888 629	5 766	0.65
3. 贝类	207 765	198 432	9 333	4.70
其中：河蚌	63 664	57 687	5 977	10.36
螺	99 537	96 960	2 577	2.66
蚬	22 403	20 851	1 552	7.44
4. 藻类（螺旋藻）	12 630	11 104	1 526	13.74
5. 其他类	974 992	886 263	88 729	10.01
其中：龟	63 100	63 344	−244	−0.39
鳖	541 589	497 536	44 053	8.85
蛙	309 415	274 978	34 437	12.52
珍珠（千克）	1 125 413	754 920	370 493	49.08
6. 观赏鱼（万尾）	404 392	355 464	48 928	13.76

全国淡水养殖主要鱼类产量

单位：吨

指　标	2024 年	2023 年	2024 年比 2023 年增减（±）	
			绝对量	幅度（%）
青鱼	853 498	800 057	53 441	6.68
草鱼	6 164 855	5 941 315	223 540	3.76
鲢鱼	3 911 127	3 860 380	50 747	1.31
鳙鱼	3 487 758	3 349 884	137 874	4.12
鲤鱼	2 939 315	2 873 211	66 104	2.30
鲫鱼	2 819 735	2 840 261	−20 526	−0.72
鳊鲂	671 938	738 727	−66 789	−9.04
泥鳅	278 332	342 621	−64 289	−18.76
鲇鱼	314 245	316 385	−2 140	−0.68
鮰鱼	526 249	441 027	85 222	19.32
黄颡鱼	627 689	622 651	5 038	0.81
鲑鱼	1 887	2 022	−135	−6.68
鳟鱼	47 822	41 116	6 706	16.31
河鲀	10 605	11 830	−1 225	−10.36
短盖巨脂鲤	32 057	39 335	−7 278	−18.50
长吻鮠	51 559	48 614	2 945	6.06
黄鳝	347 680	355 203	−7 523	−2.12
鳜鱼	539 785	477 592	62 193	13.02
池沼公鱼	3 274	3 821	−547	−14.32
银鱼	11 078	11 516	−438	−3.80
鲈鱼	938 509	888 030	50 479	5.68
乌鳢	595 498	605 438	−9 940	−1.64
罗非鱼	1 894 329	1 816 828	77 501	4.27
鲟鱼	162 615	149 376	13 239	8.86
鳗鲡	310 397	291 566	18 831	6.46

各地区海水养殖产量（按品种分）（一）

单位：吨

地　　区	海水养殖产量	1. 鱼类	其　中					
			鲈鱼	鲆鱼	大黄鱼	军曹鱼	鲥鱼	鲷鱼
全国总计	25 276 388	2 162 149	257 076	110 304	292 615	44 926	18 192	157 047
天　　津	12 368	923		120				
河　　北	633 084	25 706		8 205				
辽　　宁	3 822 811	67 473	1 960	60 236			210	
上　　海								
江　　苏	1 023 145	57 537	18	4 593				
浙　　江	1 722 197	79 766	11 228	114	43 380			3 715
福　　建	6 133 435	555 390	41 330	5 421	246 522		3 801	53 234
山　　东	6 062 717	81 649	9 506	31 615	2 031			915
广　　东	3 768 275	975 449	182 994		682	24 367	14 154	93 774
广　　西	1 792 736	143 871	8 426			127		3 372
海　　南	305 620	174 385	1 614			20 432	27	2 037

各地区海水养殖产量（按品种分）（二）

单位：吨

地　　区	1. 鱼类（续）					2. 甲壳类	（1）虾	其　中
	其中（续）							南美白对虾
	美国红鱼	河鲀	石斑鱼	鲽鱼	卵形鲳鲹			
全国总计	64 719	15 100	267 488	13 430	305 552	2 144 565	1 858 252	1 533 758
天　　津			161			11 445	11 445	11 445
河　　北		2 990	2 140	9 934		61 949	57 535	43 697
辽　　宁		1 711				29 162	29 097	18 712
上　　海								
江　　苏				73		110 726	97 366	51 959
浙　　江	8 105		929		13	133 516	79 086	51 697
福　　建	17 723	9 071	44 633		313	243 067	158 919	135 171
山　　东	340	1 010	1 868	2 444		274 114	252 906	225 848
广　　东	35 211	318	112 511		165 651	833 809	748 410	612 385
广　　西	1 974		2 970	979	94 286	354 701	343 743	334 022
海　　南	1 366		102 276		45 289	92 076	79 745	48 822

各地区海水养殖产量（按品种分）（三）

单位：吨

地　区	2. 甲壳类（续）						3. 贝类
	(1) 虾（续）			(2) 蟹	其　中		
	其中（续）						
	斑节对虾	中国对虾	日本对虾		梭子蟹	青蟹	
全国总计	**137 965**	**27 249**	**44 499**	**286 313**	**97 696**	**162 349**	**17 394 861**
天　津							
河　北	205	8 447	5 181	4 414	4 404		469 801
辽　宁		7 789	2 596	65	65		2 983 638
上　海							
江　苏	14 997	2 026	505	13 360	9 858	2 607	820 770
浙　江	893	408	1 870	54 430	19 741	29 448	1 337 559
福　建	7 952	2 502	8 703	84 148	34 199	42 032	3 742 864
山　东	1 196	6 075	17 692	21 208	20 817	383	4 817 133
广　东	93 131	2	7 900	85 399	8 612	65 338	1 900 350
广　西	973		52	10 958		10 612	1 284 189
海　南	18 618			12 331		11 929	38 557

各地区海水养殖产量（按品种分）（四）

单位：吨

| 地　区 | 3. 贝类（续） | | | | | | | | |
| | 其　中 | | | | | | | | |
	牡蛎	鲍	螺	蚶	贻贝	江珧	扇贝	蛤	蛏
全国总计	**7 252 494**	**251 897**	**361 919**	**332 384**	**781 441**	**3 377**	**1 947 170**	**4 738 952**	**892 788**
天　津									
河　北	17 634		21 597	4 683			373 765	51 108	314
辽　宁	557 437	1 471		38 555	35 798		419 710	1 760 234	58 614
上　海									
江　苏	225 071		67 887	23 273	20 570			384 074	35 046
浙　江	405 787		20 905	162 635	273 221		258	94 635	345 534
福　建	2 356 598	202 022	15 526	56 935	105 637		16 944	546 758	307 146
山　东	1 657 092	39 290	10 019	7 342	277 478		1 017 839	1 351 057	142 965
广　东	1 288 665	9 114	49 372	38 559	63 470	3 377	113 824	214 966	3 019
广　西	741 702		147 510	330	5 224		1 600	332 749	150
海　南	2 508		29 103	72	43		3 230	3 371	

各地区海水养殖产量（按品种分）（五）

单位：吨

地　　区	4. 藻类	其　中					
		海带	裙带菜	紫菜	江蓠	麒麟菜	石花菜
全国总计	3 029 420	1 860 893	231 334	208 924	620 484	562	
天　　津							
河　　北							
辽　　宁	534 699	355 375	177 949				
上　　海							
江　　苏	17 601			17 601			
浙　　江	166 553	23 107		98 012			
福　　建	1 498 603	937 651		67 802	471 543		
山　　东	760 795	542 010	52 580	9 725	120 517		
广　　东	49 573	2 750	805	15 784	28 395		
广　　西	1 000						
海　　南	596				29	562	

各地区海水养殖产量（按品种分）（六）

单位：吨

地　　区	4. 藻类（续）		5. 其他	其　中			
	其中（续）			海参	海胆（千克）	海水珍珠（千克）	海蜇
	羊栖菜	苔菜					
全国总计	38 969		545 393	326 172	7 375 843	1 938	82 992
天　　津							
河　　北			75 628	21 229			1 176
辽　　宁			207 839	116 569	1 580 773		67 786
上　　海							
江　　苏			16 511	76			12 276
浙　　江	33 231		4 803	105			
福　　建	5 738		93 511	85 893			1 294
山　　东			129 026	102 267	5 710 000		460
广　　东			9 094	30	85 070	1 544	
广　　西			8 975			394	
海　　南			6	3			

各地区海水养殖产量（按水域和养殖方式分）（一）

单位：吨

地　区	海水养殖产量	按养殖水域分			养殖方式中
		1. 海上	2. 滩涂	3. 其他	1. 池塘
全国总计	**25 276 388**	**15 913 372**	**6 150 572**	**3 212 444**	**3 243 565**
天　津	12 368			12 368	11 295
河　北	633 084	440 207	43 112	149 765	125 653
辽　宁	3 822 811	2 988 766	581 351	252 694	260 271
上　海					
江　苏	1 023 145	361 039	517 367	144 739	246 733
浙　江	1 722 197	874 005	495 252	352 940	325 350
福　建	6 133 435	4 478 580	1 152 753	502 102	321 707
山　东	6 062 717	4 433 412	1 297 718	331 587	320 834
广　东	3 768 275	1 647 598	1 227 579	893 098	1 094 553
广　西	1 792 736	599 952	799 945	392 839	373 523
海　南	305 620	89 813	35 495	180 312	163 646

各地区海水养殖产量（按水域和养殖方式分）（二）

单位：吨

地　区	养殖方式中（续）					
	2. 普通网箱	3. 深水网箱	4. 筏式	5. 吊笼	6. 底播	7. 工厂化
全国总计	**708 110**	**497 655**	**8 080 847**	**2 251 055**	**5 930 672**	**467 770**
天　津						1 073
河　北	2 106	144	409 085		56 316	31 415
辽　宁	29 801	2 606	1 380 250	92 137	1 825 790	62 395
上　海						
江　苏		85	124 967	118 565	481 309	15 283
浙　江	31 620	35 954	704 454	27 758	329 926	10 719
福　建	322 351	130 714	2 328 451	218 417	502 504	57 472
山　东	119 742	29 063	2 033 495	1 609 232	1 709 994	218 696
广　东	137 934	155 553	636 190	172 811	611 603	20 154
广　西	54 805	71 831	463 955	9 809	410 119	1 559
海　南	9 751	71 705		2 326	3 111	49 004

各地区淡水养殖产量（按品种分）（一）

单位：吨

地　　区	淡水养殖产量	1. 鱼类	其　中				
			青鱼	草鱼	鲢鱼	鳙鱼	鲤鱼
全国总计	35 323 928	28 425 217	853 498	6 164 855	3 911 127	3 487 758	2 939 315
北　京	11 623	11 623	339	4 020	498	338	4 447
天　津	251 432	198 503	10	36 507	21 581	11 030	84 677
河　北	281 077	248 774	165	32 530	30 949	17 229	122 124
山　西	57 888	55 398	818	15 654	9 193	4 473	11 737
内 蒙 古	104 104	97 320		14 529	16 420	14 157	38 333
辽　宁	806 018	712 424	557	100 075	83 502	56 512	321 779
吉　林	247 803	230 366	2 450	21 892	53 543	42 869	57 719
黑 龙 江	762 867	735 463	621	83 537	152 622	65 409	253 762
上　海	99 415	73 902	5 444	17 560	7 952	9 484	189
江　苏	3 694 497	2 609 528	130 632	477 214	488 912	311 138	201 623
浙　江	1 439 508	1 075 458	85 603	100 203	141 619	108 858	34 861
安　徽	2 514 472	1 548 162	80 114	283 895	271 753	281 922	86 893
福　建	986 692	808 339	14 707	188 344	88 689	69 735	59 671
江　西	3 022 406	2 597 947	79 808	788 772	341 313	504 604	153 523
山　东	1 167 099	957 912	8 304	228 046	162 218	122 387	218 689
河　南	893 331	810 728	14 818	154 853	187 980	139 859	135 442
湖　北	5 440 709	3 636 362	223 765	835 075	477 083	464 721	84 583
湖　南	2 989 588	2 279 737	93 512	645 466	328 032	325 350	160 852
广　东	4 507 753	4 043 360	70 694	973 283	191 156	323 795	76 714
广　西	1 526 368	1 422 670	20 303	378 539	236 328	194 556	159 002
海　南	483 789	458 896	718	4 443	5 778	9 955	2 501
重　庆	611 565	581 599	3 217	156 465	119 136	65 537	50 362
四　川	1 872 451	1 736 897	2 900	320 195	343 787	210 348	212 722
贵　州	291 017	279 210	2 657	47 626	27 178	31 751	103 190
云　南	691 978	675 723	9 297	97 907	55 342	57 663	152 585
西　藏	106	105					3
陕　西	186 550	170 341	1 637	42 517	26 636	19 617	47 130
甘　肃	16 741	16 082	408	4 854	1 461	484	4 145
青　海	14 831	14 824		61			118
宁　夏	171 546	167 896		46 993	16 168	13 224	66 658
新　疆	178 704	169 668		63 800	24 298	10 753	33 281

各地区淡水养殖产量（按品种分）（二）

单位：吨

地　　区	1. 鱼类（续）						
	其中（续）						
	鲫鱼	鳊鲂	泥鳅	鲇鱼	鮰鱼	黄颡鱼	鲑鱼
全国总计	**2 819 735**	**671 938**	**278 332**	**314 245**	**526 249**	**627 689**	**1 887**
北　京	392	423		9	302	145	
天　津	29 457	724	2 807	10	1 735	2 067	
河　北	15 859	15	3 066	129	2 956	1 323	1
山　西	1 143	3	3	18	3 649	155	
内 蒙 古	10 434	463	642	1 146	30	109	1
辽　宁	60 737	1 494	1 930	33 814	504	2 099	570
吉　林	33 898	2 072	3 968	4 015	23	2 685	273
黑 龙 江	129 924	462	4 754	3 871	8	1 624	
上　海	6 313	953		6	15 659	1 119	
江　苏	561 179	144 842	28 423	2 469	77 933	28 034	
浙　江	104 146	32 589	32 729	1 043	3 142	99 722	10
安　徽	199 587	89 566	38 108	14 299	6 784	37 627	
福　建	44 124	4 435	2 421	10 413	6 121	5 763	
江　西	263 734	52 554	37 319	31 167	7 392	70 587	
山　东	87 462	2 489	4 044	17 675	18 097	1 526	
河　南	57 175	7 596	5 171	5 904	75 441	1 535	
湖　北	389 238	194 741	32 481	13 263	64 962	161 223	
湖　南	229 070	87 836	16 837	27 132	22 743	47 258	18
广　东	146 045	12 827	25 080	28 324	77 815	89 867	
广　西	27 555	793	2 331	27 847	22 852	7 425	
海　南	591	135	74	902			
重　庆	102 848	5 020	5 287	6 817	6 211	12 903	111
四　川	232 640	28 636	28 234	75 872	85 739	49 534	379
贵　州	9 637	270	782	2 791	1 988	1 286	7
云　南	41 387	237	1 024	4 277	3 982	1 478	12
西　藏	3	2	1	4			72
陕　西	5 620	202	614	172	8 646	382	
甘　肃	970	78	1	19	38	4	409
青　海	55						
宁　夏	14 753		163	802	7 629		
新　疆	13 759	481	38	35	3 868	209	24

各地区淡水养殖产量（按品种分）（三）

单位：吨

地　　区	1. 鱼类（续）						
	其中（续）						
	鳟鱼	河鲀	短盖巨脂鲤	长吻鮠	黄鳝	鳜鱼	池沼公鱼
全国总计	47 822	10 605	32 057	51 559	347 680	539 785	3 274
北　　京	152	8	3				
天　　津						48	
河　　北	1 759					25	106
山　　西	1 831					6	9
内　蒙　古	49					35	478
辽　　宁	2 969					191	371
吉　　林	289					348	1 470
黑　龙　江	145					1 412	341
上　　海		114				54	
江　　苏		1 528	112	25	4 086	35 014	
浙　　江	83		103	1 483	423	8 435	29
安　　徽			669	11	31 049	54 510	
福　　建	6		1 552	849	383	1 187	
江　　西	15		2 113	17	68 788	47 434	
山　　东	176		1 685		749	3 155	
河　　南	514		261		2 469	343	
湖　　北	961	10		17 677	205 713	159 128	
湖　　南	1 178		8	516	22 765	58 852	
广　　东	94	8 942	14 884	2 873	1 377	163 940	
广　　西	887		9 709	128	519	785	
海　　南			408				
重　　庆	1 526	3	107	2 562	732	958	
四　　川	2 650			23 352	8 228	3 722	
贵　　州	480			620	148	75	
云　　南	4 143		443	1 446	228	46	2
西　　藏	14						
陕　　西	3 358				23	81	
甘　　肃	1 870						300
青　　海	14 534						
宁　　夏							
新　　疆	8 139					1	168

各地区淡水养殖产量（按品种分）（四）

单位：吨

地 区	1. 鱼类（续）						2. 甲壳类
	其中（续）						
	银鱼	鲈鱼	乌鳢	罗非鱼	鲟鱼	鳗鲡	
全国总计	**11 078**	**938 509**	**595 498**	**1 894 329**	**162 615**	**310 397**	**5 703 324**
北 京		59		145	287		
天 津		1 302		3 264			52 769
河 北	30	3 425	21	5 913	8 532		30 234
山 西	10	2 015	172	3 357	1 152		2 189
内 蒙 古	172	76	130	24			2 095
辽 宁	194	314	62	215	1 290		91 274
吉 林	1 091	10	1 722	2	27		7 523
黑 龙 江	2 133	84	529				21 894
上 海		6 119		40		10	25 136
江 苏	183	49 404	14 688	1 931	211	7 307	1 011 252
浙 江	78	176 702	48 290	1 558	7 634	1 150	208 641
安 徽	2 240	22 192	29 660	2 084	670	463	836 251
福 建		15 336	2 300	135 463	3 239	116 833	136 519
江 西	1 546	33 347	22 731	3 999	5 298	33 711	270 793
山 东	686	14 605	29 205	9 939	14 515		196 028
河 南	22	18 558	749	673	1 267		63 762
湖 北	1 180	89 171	26 873	5 038	15 229	14 831	1 658 952
湖 南	966	62 661	32 482	1 590	12 033	3 120	515 396
广 东		342 167	362 620	808 715	692	122 593	377 851
广 西	56	15 103	3 062	260 986	1 624	7 980	26 928
海 南			501	427 927	425	1 805	10 395
重 庆		11 442	8 034	5 451	5 692		23 568
四 川	226	48 190	11 109	4 358	9 871	569	110 452
贵 州		10 598	168	231	36 003		2 674
云 南	183	5 954	223	208 156	28 360		5 110
西 藏		5	1				1
陕 西	79	4 852	49	811	6 580		4 644
甘 肃		1		36	852		643
青 海		34					7
宁 夏		1 282	8		75		1 782
新 疆	3	3 501	109	2 423	1 057	25	8 561

各地区淡水养殖产量（按品种分）（五）

单位：吨

地　　区	2. 甲壳类（续）					(2) 蟹（河蟹）	3. 贝类	其中 河蚌
	(1) 虾	其　　中						
		罗氏沼虾	青虾	克氏原螯虾	南美白对虾			
全国总计	4 808 929	245 655	223 264	3 447 578	840 127	894 395	207 765	63 664
北　　京								
天　　津	47 438	217			47 221	5 331		
河　　北	24 177	913	43	8	23 203	6 057	50	50
山　　西	2 093	4	2	329	1 713	96	95	95
内 蒙 古	1 223		103	15	1 105	872	3	3
辽　　宁	20 142			620	19 522	71 132	113	
吉　　林	266		190	34	15	7 257	37	37
黑 龙 江	2 507			727	7	19 387		
上　　海	18 972	1 986	71	232	16 683	6 164		
江　　苏	611 163	79 100	108 047	292 217	125 133	400 089	45 044	7 210
浙　　江	198 164	38 620	25 960	50 352	79 223	10 477	12 991	5 284
安　　徽	729 156	2 328	52 602	672 037	2 157	107 095	47 017	28 101
福　　建	136 135	4 924	1 147	2 554	126 188	384	31 819	3 195
江　　西	258 042	2 079	17 827	234 592	1 306	12 751	31 871	6 552
山　　东	166 275	255	566	63 944	95 484	29 753	694	550
河　　南	61 690	618	5 987	50 702	1 940	2 072	1 270	952
湖　　北	1 464 424	3 762	5 421	1 437 321	13 724	194 528	4 311	1 608
湖　　南	506 313	5 612	2 353	482 246	8 999	9 083	15 122	6 717
广　　东	375 003	99 374	1 349	3 317	259 864	2 848	3 968	277
广　　西	26 647	1 802	357	23 028	862	281	8 579	1 138
海　　南	10 381	1 637	55	344	4 930	14	28	
重　　庆	23 166	705	244	19 898	1 825	402	127	
四　　川	108 979	796	562	104 175	3 287	1 473	2 507	1 851
贵　　州	2 629	36	30	1 940	363	45	1 092	35
云　　南	4 893	564	310	3 444	471	217	1 018	9
西　　藏	1	1						
陕　　西	3 257	20	17	2 506	615	1 387		
甘　　肃	126	8		4	103	517		
青　　海	7				7			
宁　　夏	545		19	1	492	1 237		
新　　疆	5 115	294	2	991	3 685	3 446	9	

各地区淡水养殖产量（按品种分）（六）

单位：吨

地　区	3. 贝类（续）其中（续）螺	蚬	4. 藻类（螺旋藻）	5. 其他类	其中 龟	鳖	蛙	珍珠（千克）	6. 观赏鱼（万尾）
全国总计	99 537	22 403	12 630	974 992	63 100	541 589	309 415	1 125 413	404 392
北　京									12 594
天　津				160		132	4		12 911
河　北				2 019		1 606	375	550	5 061
山　西				206	45	116			554
内　蒙　古			4 652	34		34			13
辽　宁				2 207			2 206		3
吉　林				9 877			9 877		28 367
黑　龙　江				5 510			5 437		
上　海				377	54	320	3		4 104
江　苏	28 818	8 894	1 384	27 289	1 427	18 221	5 357	55 001	83 846
浙　江	5 420	180	532	141 886	11 590	98 595	20 824	319 055	6 895
安　徽	18 126	790		83 042	5 648	64 206	12 085	166 528	13 754
福　建	4 333	8 010	275	9 740	351	5 247	1 957		2 457
江　西	20 360	3 086	1 399	120 396	8 737	42 477	64 227	434 642	4 321
山　东	102			12 465	13	5 868	854	2 500	69 484
河　南	318			17 571	27	16 736	537	116 000	66 489
湖　北	2 406	293		141 084	15 630	95 977	27 608		3 913
湖　南	7 398	100		179 333	5 347	123 183	47 520	3 119	1 439
广　东	2 121	910		82 574	12 156	45 582	13 013	18	65 970
广　西	7 249	140		68 191	1 665	18 485	45 634		53
海　南	28		1 651	12 819	298	59	11 224		87
重　庆	127			6 271	52	1 213	4 998		6 936
四　川	656			22 595	46	2 761	18 929	28 000	4 875
贵　州	1 057			8 041	10	59	7 751		82
云　南	1 009		916	9 211	1	7	7 826		3 846
西　藏									
陕　西				11 565	3	647	707		5 529
甘　肃				16		16			
青　海									
宁　夏			1 821	47		38			742
新　疆	9			466		4	462		67

各地区淡水养殖产量（按水域和养殖方式分）（一）

单位：吨

地　　区	淡水养殖产量	按水域分			
		1. 池塘	2. 湖泊	3. 水库	4. 河沟
全国总计	35 323 928	25 214 028	977 785	3 147 143	490 913
北　京	11 623	11 137			
天　津	251 432	246 114			211
河　北	281 077	237 703	2 748	20 778	288
山　西	57 888	37 909	361	13 738	20
内　蒙　古	104 104	60 253	17 790	22 517	2 199
辽　宁	806 018	614 348	80	97 408	2 224
吉　林	247 803	95 960	39 664	83 972	10 842
黑　龙　江	762 867	504 808	89 220	120 314	20 728
上　海	99 415	98 316	270		521
江　苏	3 694 497	2 877 825	77 775	43 381	116 936
浙　江	1 439 508	1 123 900	6 794	75 534	31 167
安　徽	2 514 472	1 238 118	237 913	120 924	103 046
福　建	986 692	610 330	1 673	194 872	43 710
江　西	3 022 406	1 908 805	280 560	448 356	37 931
山　东	1 167 099	893 890	2 372	141 418	
河　南	893 331	692 730	3 913	87 089	14 047
湖　北	5 440 709	3 846 894	120 558	143 088	4 381
湖　南	2 989 588	2 044 047	52 986	235 071	9 407
广　东	4 507 753	4 224 345	8 619	223 921	2 158
广　西	1 526 368	896 077		438 097	55 243
海　南	483 789	433 816	150	42 792	
重　庆	611 565	512 562		57 665	
四　川	1 872 451	1 028 796	1 022	218 605	27 619
贵　州	291 017	162 874		30 806	8
云　南	691 978	421 699	721	193 508	591
西　藏	106	96			10
陕　西	186 550	108 817	305	42 821	7 454
甘　肃	16 741	11 070		4 063	12
青　海	14 831	220	129	14 088	
宁　夏	171 546	136 780	30 675	1 394	160
新　疆	178 704	133 789	1 487	30 923	

各地区淡水养殖产量（按水域和养殖方式分）（二）

单位：吨

地 区	按水域分（续）		养殖方式中		
	5. 其他	6. 稻田	1. 围栏	2. 网箱	3. 工厂化
全国总计	1 060 463	4 433 596	33 958	319 988	572 608
北 京	486				287
天 津	607	4 500			
河 北	14 434	5 126		268	4 152
山 西	5 623	237		178	4 695
内 蒙 古	712	633			708
辽 宁	28 795	63 163	800	54 672	21
吉 林	302	17 063	1 220	3 011	260
黑 龙 江	15 799	11 998		1 838	
上 海	70	238			70
江 苏	155 672	422 908	1 002	13 839	18 352
浙 江	36 506	165 607	2 410	8 279	25 998
安 徽	59 974	754 497	5 552	15 228	43 616
福 建	117 463	18 644	89	25 082	107 912
江 西	66 851	279 903	101	15 317	52 900
山 东	99 635	29 784	581	1 795	93 298
河 南	37 923	57 629		493	477
湖 北	109 225	1 216 563		66 236	97 573
湖 南	53 986	594 091		8 298	45 367
广 东	45 864	2 846		996	18 600
广 西	79 691	57 260	21 083	43 047	12 587
海 南	6 948	83		712	4 467
重 庆	15 034	26 304			989
四 川	43 389	553 020			4 988
贵 州	13 656	83 673			3 825
云 南	21 466	53 993	1 120	35 157	20 167
西 藏					
陕 西	14 480	12 673		4 016	7 691
甘 肃	1 593	3		730	284
青 海	394			14 031	394
宁 夏	1 998	539			78
新 疆	11 887	618		6 765	2 852

2-3 国内捕捞

全国海洋捕捞产量

单位：吨

指　　　标	2024 年	2023 年	2024 年比 2023 年增减（±）	
			绝对量	幅度（%）
海洋捕捞产量	**9 623 220**	**9 574 869**	**48 351**	**0.50**
1. 鱼类	6 487 191	6 459 965	27 226	0.42
2. 甲壳类	1 881 568	1 904 573	−23 005	−1.21
虾	1 231 913	1 253 687	−21 774	−1.74
其中：毛虾	325 842	348 059	−22 217	−6.38
对虾	216 478	219 175	−2 697	−1.23
鹰爪虾	252 002	249 221	2 781	1.12
虾蛄	228 567	227 265	1 302	0.57
蟹	649 655	650 886	−1 231	−0.19
其中：梭子蟹	452 555	461 683	−9 128	−1.98
青蟹	68 321	67 079	1 242	1.85
蟳	28 570	23 467	5 103	21.75
3. 贝类	357 011	353 174	3 837	1.09
4. 藻类	31 862	21 973	9 889	45.01
5. 头足类	597 931	593 590	4 341	0.73
其中：乌贼	134 323	132 813	1 510	1.14
鱿鱼	317 325	314 565	2 760	0.88
章鱼	110 559	112 130	−1 571	−1.40
6. 其他类	267 657	241 594	26 063	10.79
其中：海蜇	167 423	147 693	19 730	13.36

全国海洋捕捞主要鱼类产量

单位：吨

指　标	2024 年	2023 年	2024 年比 2023 年增减（±）	
			绝对量	幅度（%）
海鳗	327 113	322 029	5 084	1.58
鳓鱼	60 739	59 159	1 580	2.67
鳀鱼	632 773	632 576	197	0.03
沙丁鱼	88 045	84 588	3 457	4.09
鲱鱼	8 301	8 368	−67	−0.80
石斑鱼	111 646	113 218	−1 572	−1.39
鲷	134 451	133 365	1 086	0.81
蓝圆鲹	391 974	394 026	−2 052	−0.52
白姑鱼	98 061	90 224	7 837	8.69
黄姑鱼	66 584	67 023	−439	−0.65
鮸鱼	55 258	57 152	−1 894	−3.31
大黄鱼	34 173	39 011	−4 838	−12.40
小黄鱼	259 770	267 298	−7 528	−2.82
梅童鱼	182 244	179 194	3 050	1.70
方头鱼	39 393	36 530	2 863	7.84
玉筋鱼	81 171	87 003	−5 832	−6.70
带鱼	916 530	910 275	6 255	0.69
金线鱼	318 364	309 387	8 977	2.90
梭鱼	98 932	102 719	−3 787	−3.69
鲐鱼	405 541	394 073	11 468	2.91
鲅鱼	365 690	367 965	−2 275	−0.62
金枪鱼	34 673	38 253	−3 580	−9.36
鲳鱼	331 602	340 982	−9 380	−2.75
马面鲀	118 909	119 172	−263	−0.22
竹筴鱼	26 970	25 348	1 622	6.40
鲾鱼	69 028	69 611	−583	−0.84

全国海洋捕捞产量（按海域、渔具分）

单位：吨

指　标		2024 年	2023 年	2024 年比 2023 年增减（±）	
				绝对量	幅度（%）
合　计		**9 623 220**	**9 574 869**	**48 351**	**0.50**
按捕捞海域分	渤海	645 293	642 336	2 957	0.46
	黄海	2 237 722	2 216 458	21 264	0.96
	东海	4 114 309	4 103 592	10 717	0.26
	南海	2 625 896	2 612 483	13 413	0.51
按捕捞渔具分	拖网	4 553 940	4 640 050	−86 110	−1.86
	围网	868 115	784 750	83 365	10.62
	刺网	2 410 218	2 323 178	87 040	3.75
	张网	818 288	848 890	−30 602	−3.60
	钓具	372 589	356 343	16 246	4.56
	其他渔具	600 070	621 658	−21 588	−3.47

全国淡水捕捞产量

单位：吨

指　标	2024 年	2023 年	2024 年比 2023 年增减（±）	
			绝对量	幅度（%）
淡水捕捞产量	**1 163 230**	**1 168 405**	**−5 175**	**−0.44**
1. 鱼类	903 071	908 467	−5 396	−0.59
2. 甲壳类	120 841	120 828	13	0.01
虾	94 396	95 950	−1 554	−1.62
蟹	26 445	24 878	1 567	6.30
3. 贝类	128 239	126 848	1 391	1.10
4. 藻类		3	−3	
5. 其他类	11 079	12 259	−1 180	−9.63
其中：丰年虫	504	257	247	96.11

各地区海洋捕捞产量（按品种分）（一）

单位：吨

地　区	海洋捕捞产量	1. 鱼类	其　中				
			海鳗	鳓鱼	鳀鱼	沙丁鱼	鲱鱼
全国总计	9 623 220	6 487 191	327 113	60 739	632 773	88 045	8 291
天　津	26 697	23 042			14 163		
河　北	196 085	92 984	63		31 094		
辽　宁	511 081	260 100	145	67	31 997	959	21
上　海	9 434	3 955	154	2			
江　苏	415 952	232 863	6 981	1 813	1 488	295	86
浙　江	2 574 647	1 697 494	72 540	14 343	41 916	5 644	1 123
福　建	1 527 838	1 092 141	55 896	9 461	61 674	6 735	3 336
山　东	1 735 590	1 209 148	14 900		415 926	5 315	
广　东	1 137 803	814 863	85 292	20 374	21 522	41 258	2 790
广　西	475 005	258 666	10 946	13 901	28	10 331	749
海　南	1 013 088	801 935	80 196	778	12 965	17 508	186

各地区海洋捕捞产量（按品种分）（二）

单位：吨

地　区	1. 鱼类（续）							
	其中（续）							
	石斑鱼	鲷鱼	蓝圆鲹	白姑鱼	黄姑鱼	鮸鱼	大黄鱼	小黄鱼
全国总计	111 646	134 451	391 974	98 061	66 584	55 258	34 173	259 770
天　津								211
河　北	5	2					61	5 430
辽　宁	2 878	450		457	797	131		52 264
上　海					3	6	6	13
江　苏	20	254	26	2 831	4 760	1 668	489	24 387
浙　江	1 330	7 681	37 628	46 668	36 302	35 805	883	100 603
福　建	14 657	40 967	190 162	8 413	7 790	10 963	1 117	9 143
山　东				9 962	6 088		629	42 201
广　东	45 140	41 321	77 594	15 141	4 184	3 668	26 542	20 056
广　西	4 602	21 076	50 844	2 038	53	692		
海　南	43 014	22 700	35 720	12 551	6 607	2 325	4 446	5 462

各地区海洋捕捞产量（按品种分）（三）

单位：吨

地　区	1. 鱼类（续）							
	其中（续）							
	梅童鱼	方头鱼	玉筋鱼	带鱼	金线鱼	梭鱼	鲐鱼	鲅鱼
全国总计	**182 244**	**39 393**	**81 171**	**916 530**	**318 364**	**98 932**	**405 541**	**365 690**
天　津				751		346	2 637	1 329
河　北				1 558		10 751	5 364	8 299
辽　宁	2 470	320	3 052	12 570		10 984	18 696	37 021
上　海	6			12				4
江　苏	51 180	344	350	45 387	59	5 140	4 594	7 033
浙　江	109 725	15 588	14 564	371 836	1 631	3 162	182 756	71 260
福　建	17 144	4 056	6 022	135 140	9 366	15 041	118 058	40 177
山　东			41 943	88 913		23 524	34 636	175 395
广　东	1 719	4 950	393	115 285	65 494	18 707	22 052	18 046
广　西		31		22 080	26 517	7 177	8 741	1 733
海　南		14 104	14 847	122 998	215 297	4 100	8 007	5 393

各地区海洋捕捞产量（按品种分）（四）

单位：吨

地　区	1. 鱼类（续）					2. 甲壳类	（1）虾	其中
	其中（续）							毛虾
	金枪鱼	鲳鱼	马面鲀	竹筴鱼	鲻鱼			
全国总计	**34 673**	**331 602**	**118 909**	**26 970**	**69 028**	**1 881 568**	**1 231 913**	**325 842**
天　津		93				1 653	1 198	
河　北		2 474	241		2 347	59 464	38 063	2 810
辽　宁		906	236		2 846	108 207	70 072	18 339
上　海		55				5 082	914	
江　苏		26 875	684	11	9 583	116 765	38 589	19 043
浙　江	2 662	104 911	19 370	661	6 398	702 124	519 435	128 647
福　建	2 227	57 246	30 858	8 089	18 197	259 292	146 799	43 962
山　东		30 103	2 870			210 372	163 426	47 759
广　东	6 285	66 196	29 931	3 712	11 529	227 566	147 603	30 920
广　西	57	8 197	18 335	147	7 415	115 700	62 118	25 330
海　南	23 442	34 546	16 384	14 350	10 713	75 343	43 696	9 032

各地区海洋捕捞产量（按品种分）（五）

单位：吨

地 区	2. 甲壳类（续）						
	(1) 虾（续）			(2) 蟹	其 中		
	其中（续）						
	对虾	鹰爪虾	虾蛄		梭子蟹	青蟹	蟳
全国总计	216 478	252 002	228 567	649 655	452 555	68 321	28 570
天 津	56		1 142	455	169		
河 北	2 422	3 660	27 327	21 401	14 458	14	5 796
辽 宁	5 658	4 956	28 040	38 135	22 987	4 245	3 763
上 海	2	772		4 168	2 928		
江 苏	1 671	6 817	7 410	78 176	71 067	1 745	1 152
浙 江	66 308	155 434	55 289	182 689	141 374	3 247	6 085
福 建	24 405	34 035	27 632	112 493	78 598	11 385	4 502
山 东	13 683	23 860	47 582	46 946	31 506	16	2 055
广 东	70 161	12 130	23 647	79 963	44 398	28 219	2 695
广 西	14 450	7 102	4 514	53 582	27 106	8 158	2 029
海 南	17 662	3 236	5 984	31 647	17 964	11 292	493

各地区海洋捕捞产量（按品种分）（六）

单位：吨

地 区	3. 贝类	4. 藻类	5. 头足类	其 中			6. 其他类	其中
				乌贼	鱿鱼	章鱼		海蜇
全国总计	357 011	31 862	597 931	134 323	317 325	110 559	267 657	167 423
天 津	1 807		195	49	18	128		
河 北	12 146		11 159	1 448	1 398	7 261	20 332	15 604
辽 宁	60 083	846	24 266	3 884	13 232	3 783	57 579	9 635
上 海	4		112	22	15	75	281	275
江 苏	27 536	884	12 491	2 197	6 709	3 071	25 413	19 280
浙 江	9 936	619	135 908	37 843	69 541	24 005	28 566	15 961
福 建	23 218	1 820	139 244	32 849	83 547	17 359	12 123	10 152
山 东	127 794	14 742	97 322	12 594	42 213	31 566	76 212	61 835
广 东	27 943	4 194	48 734	13 536	21 589	10 860	14 503	7 630
广 西	43 946		30 988	10 596	14 954	4 872	25 705	25 197
海 南	22 598	8 757	97 512	19 305	64 109	7 579	6 943	1 854

各地区海洋捕捞产量（按海域分）

单位：吨

地　　区	海洋捕捞产量	按捕捞海域分			
		1. 渤海	2. 黄海	3. 东海	4. 南海
全国总计	**9 623 220**	**645 293**	**2 237 722**	**4 114 309**	**2 625 896**
天　　津	26 697	11 844	14 853		
河　　北	196 085	143 916	43 290	8 879	
辽　　宁	511 081	203 589	307 492		
上　　海	9 434			9 434	
江　　苏	415 952		374 829	41 123	
浙　　江	2 574 647		47 612	2 527 035	
福　　建	1 527 838			1 527 838	
山　　东	1 735 590	285 944	1 449 646		
广　　东	1 137 803				1 137 803
广　　西	475 005				475 005
海　　南	1 013 088				1 013 088

各地区海洋捕捞产量（按渔具分）

单位：吨

地　　区	海洋捕捞产量	按捕捞渔具分					
		1. 拖网	2. 围网	3. 刺网	4. 张网	5. 钓具	6. 其他
全国总计	**9 623 220**	**4 553 940**	**868 115**	**2 410 218**	**818 288**	**372 589**	**600 070**
天　　津	26 697	14 321	3 849	7 487			1 040
河　　北	196 085	42 976	9 270	89 014	28 300	417	26 108
辽　　宁	511 081	168 552	3 820	265 589	41 146	16 312	15 662
上　　海	9 434	9 019			415		
江　　苏	415 952	61 332	4 128	130 516	159 934	127	59 915
浙　　江	2 574 647	1 475 660	135 834	421 269	338 508	32 770	170 606
福　　建	1 527 838	590 194	354 501	237 777	160 035	62 640	122 691
山　　东	1 735 590	1 186 967	41 543	377 248	62 516	24 041	43 275
广　　东	1 137 803	526 200	111 738	386 507	2 163	79 541	31 654
广　　西	475 005	322 496	38 040	53 176	136	5 817	55 340
海　　南	1 013 088	156 223	165 392	441 635	25 135	150 924	73 779

各地区淡水捕捞产量（按品种分）

单位：吨

地　区	淡水捕捞产量	1. 鱼类	2. 甲壳类	虾	蟹	3. 贝类	4. 藻类	5. 其他类	其中：丰年虫
全国总计	1 163 230	903 071	120 841	94 396	26 445	128 239		11 079	504
北　京	2 148	2 148							
天　津	2 625	2 008	492	323	169	125			
河　北	45 404	42 851	2 543	2 045	498	5		5	
山　西	323	311	12	10	2				
内　蒙　古	11 459	11 109	35	31	4	303		12	12
辽　宁	32 661	29 412	2 954	607	2 347			295	
吉　林	18 237	17 362	641	632	9	234			
黑　龙　江	50 929	50 126	68	68		720		15	
上　海	366	351	7	5	2			8	
江　苏	185 300	106 420	24 331	18 441	5 890	52 122		2 427	
浙　江	170 739	128 719	14 814	11 160	3 654	25 664		1 542	
安　徽	97 695	69 587	19 045	16 904	2 141	8 392		671	
福　建	73 136	49 777	5 275	4 387	888	17 441		643	
江　西	10 445	9 127	791	679	112	388		139	
山　东	107 705	82 395	18 724	12 988	5 736	3 329		3 257	
河　南	111 031	95 080	10 835	10 560	275	5 116			
湖　北	23 596	20 767	2 319	2 072	247	239		271	
湖　南	1 428	1 036	113	102	11	261		18	
广　东	72 363	55 627	10 101	7 112	2 989	6 068		567	
广　西	76 097	65 009	4 199	3 527	672	6 203		686	
海　南	11 110	9 333	433	412	21	1 340		4	
重　庆									
四　川									
贵　州	4 233	3 879	346	338	8	8			
云　南	28 252	25 906	2 038	1 967	71	281		27	
西　藏	492							492	492
陕　西									
甘　肃									
青　海	4 381	3 924	457		457				
宁　夏	7 255	7 233	22		22				
新　疆	13 820	13 574	246	26	220				

2-4 远洋渔业

各地区远洋渔业

单位：吨、万元

地　　区	2024 年				2024 年比 2023 年增减（±）			
	远洋渔业产量	运回国内量	境外出售量	远洋渔业总产值	远洋渔业产量	运回国内量	境外出售量	远洋渔业总产值
全国总计	2 189 114	1 726 900	462 214	2 703 162	−133 219	−117 643	−15 576	160 067
北　京	56 886	36 323	20 563	131 253	11 346	10 435	911	−5 012
天　津	6 337	5 896	441	11 350	−702	918	−1 620	4 540
河　北	24 589	3 485	21 104	11 288	−14 612	1 291	−15 903	537
辽　宁	186 158	40 072	146 086	140 481	12 490	−7 853	20 343	−9 966
上　海	111 258	108 524	2 734	159 173	−6 141	7 953	−14 094	−5 095
江　苏	42 199	37 972	4 227	43 831	−9 157	−11 873	2 716	−9 430
浙　江	588 029	546 595	41 434	921 485	−196 781	−212 296	15 515	41 503
福　建	525 740	429 818	95 922	391 326	−25 131	6 784	−31 915	−722
山　东	453 919	402 390	51 529	659 952	73 488	66 379	7 109	120 891
广　东	177 469	115 683	61 786	222 186	21 459	20 691	768	19 871
广　西	16 530	142	16 388	10 837	522	−72	594	2 950
海　南								
中农发集团	193 649	151 248	42 401	266 996	22 139	10 215	11 924	−308

注：中农发集团的相关统计数据不参加全国远洋渔业指标数据的累加汇总计算，其中所属企业的统计数据按属地算入相关省份。

各地区远洋渔业主要品种产量

单位：吨

地　　区	远洋渔业产量	其　中	
		金枪鱼	鱿鱼
全国总计	2 189 114	441 623	458 068
北　京	56 886	38 776	3 944
天　津	6 337	252	250
河　北	24 589		3 233
辽　宁	186 158	2 745	4 852
上　海	111 258	90 153	14 093
江　苏	42 199		5 428
浙　江	588 029	138 137	327 596
福　建	525 740	3 618	39 130
山　东	453 919	109 253	55 813
广　东	177 469	58 689	3 729
广　西	16 530		
海　南			
中农发集团	193 649	66 816	33 964

2025

第三部分

生产要素

3-1　水产养殖面积

全国水产养殖面积（按水域和养殖方式分）

单位：公顷

指　标		2024 年	2023 年	2024 年比 2023 年增减（±）	
				绝对量	幅度（%）
总　计		7 567 881	7 624 603	−56 722	−0.74
1. 海水养殖		2 240 058	2 214 872	25 186	1.14
按水域分	海上	1 404 973	1 337 145	67 828	5.07
	滩涂	533 805	572 683	−38 878	−6.79
	其他	301 280	305 044	−3 764	−1.23
养殖方式中	池塘	435 487	421 877	13 610	3.23
	普通网箱（米^2）	118 407 516	105 131 748	13 275 768	12.63
	深水网箱（米^3）	65 195 776	56 598 305	8 597 471	15.19
	筏式	442 811	418 683	24 128	5.76
	吊笼	179 716	162 642	17 074	10.50
	底播	1 010 459	984 291	26 168	2.66
	工厂化（米^3）	48 639 493	44 639 167	4 000 326	8.96
2. 淡水养殖		5 327 823	5 409 731	−81 908	−1.51
按水域分	池塘	2 624 589	2 628 558	−3 969	−0.15
	湖泊	807 768	829 365	−21 597	−2.60
	水库	1 605 617	1 653 996	−48 379	−2.92
	河沟	149 466	146 580	2 886	1.97
	其他	140 383	151 232	−10 849	−7.17
	稻田养成鱼	3 070 214	2 993 563	76 651	2.56
养殖方式中	围栏（米^2）	109 399 482	85 575 347	23 824 135	27.84
	网箱（米^2）	34 106 849	14 588 059	19 518 790	133.80
	工厂化（米^3）	53 595 707	50 098 519	3 497 188	6.98

全国海水养殖面积（按品种分）

单位：公顷

指　　标	2024 年	2023 年	2024 年比 2023 年增减（±）	
			绝对量	幅度（%）
海水养殖	2 240 058	2 214 872	25 186	1.14
1. 鱼类	79 657	76 266	3 391	4.45
2. 甲壳类	294 904	296 988	−2 084	−0.70
虾	245 334	245 705	−371	−0.15
其中：南美白对虾	168 493	163 638	4 855	2.97
斑节对虾	14 461	14 475	−14	−0.10
中国对虾	11 938	13 881	−1 943	−14.00
日本对虾	19 366	22 214	−2 848	−12.82
蟹	49 570	51 283	−1 713	−3.34
其中：梭子蟹	21 132	22 975	−1 843	−8.02
青蟹	24 602	24 809	−207	−0.83
3. 贝类	1 398 326	1 357 525	40 801	3.01
牡蛎	288 608	276 816	11 792	4.26
鲍	17 582	22 731	−5 149	−22.65
螺	37 672	39 297	−1 625	−4.14
蚶	34 301	33 033	1 268	3.84
贻贝	35 553	39 313	−3 760	−9.56
江珧	434	393	41	10.43
扇贝	349 949	338 927	11 022	3.25
蛤	434 005	409 057	24 948	6.10
蛏	52 519	49 586	2 933	5.91
4. 藻类	150 462	149 571	891	0.60
海带	51 961	50 795	1 166	2.30
裙带菜	10 962	10 854	108	1.00
紫菜	63 920	64 455	−535	−0.83
江蓠	17 803	17 123	680	3.97
麒麟菜	57	76	−19	−25.00
石花菜				
羊栖菜	1 775	1 757	18	1.02
苔菜				
5. 其他类	316 709	334 522	−17 813	−5.32
其中：海参	268 467	289 059	−20 592	−7.12
海胆	16 943	16 786	157	0.94
海水珍珠	1 623	1 774	−151	−8.51
海蜇	11 822	11 311	511	4.52

各地区水产养殖面积（一）

单位：公顷

地区	2024 年				2023 年				2024 年比 2023 年增减			
	总面积	海水养殖面积	淡水养殖面积	其中：池塘	总面积	海水养殖面积	淡水养殖面积	其中：池塘	总面积	海水养殖面积	淡水养殖面积	其中：池塘（±）
全国总计	7 567 881	2 240 058	5 327 823	2 624 589	7 624 603	2 214 872	5 409 731	2 628 558	−56 722	25 186	−81 908	−3 969
北　京	1 589		1 589	1 583	1 360		1 360	1 359	229		229	224
天　津	23 645	1 055	22 590	22 525	23 028	941	22 087	22 028	617	114	503	497
河　北	131 124	105 067	26 057	20 239	133 220	105 022	28 198	20 737	−2 096	45	−2 141	−498
山　西	18 944		18 944	3 103	17 246		17 246	3 208	1 698		1 698	−105
内蒙古	120 835		120 835	15 712	112 092		112 092	15 643	8 743		8 743	69
辽　宁	950 925	769 056	181 869	36 408	966 258	773 974	192 284	36 549	−15 333	−4 918	−10 415	−141
吉　林	344 533		344 533	32 847	351 528		351 528	32 997	−6 995		−6 995	−150
黑龙江	434 965		434 965	112 664	435 020		435 020	111 236	−55		−55	1 428
上　海	12 029		12 029	11 426	11 848		11 848	11 528	181		181	−102
江　苏	579 817	174 099	405 718	303 409	580 787	171 452	409 335	306 946	−970	2 647	−3 617	−3 537
浙　江	257 724	84 460	173 264	87 448	256 896	84 255	172 641	88 443	828	205	623	−995
安　徽	409 033		409 033	191 742	411 203		411 203	191 736	−2 170		−2 170	6
福　建	266 875	181 427	85 448	37 049	262 563	177 321	85 242	36 631	4 312	4 106	206	418
江　西	410 328		410 328	165 239	408 068		408 068	165 616	2 260		2 260	−377
山　东	821 279	662 331	158 948	99 986	803 772	646 026	157 746	96 822	17 507	16 305	1 202	3 164

各地区水产养殖面积（二）

单位：公顷

地区	2024 年				2023 年				2024 年比 2023 年增减（±）			
	总面积	海水养殖面积	淡水养殖面积	其中：池塘	总面积	海水养殖面积	淡水养殖面积	其中：池塘	总面积	海水养殖面积	淡水养殖面积	其中：池塘
河南	125 895		125 895	97 581	125 523		125 523	97 909	372		372	−328
湖北	805 306		805 306	525 205	886 963		886 963	535 522	−81 657		−81 657	−10 317
湖南	455 445		455 445	274 939	452 170		452 170	274 368	3 275		3 275	571
广东	482 639	177 808	304 831	259 396	477 345	172 133	305 212	259 232	5 294	5 675	−381	164
广西	222 273	70 846	151 427	63 216	216 356	69 075	147 281	61 365	5 917	1 771	4 146	1 851
海南	41 696	13 909	27 787	21 741	42 946	14 673	28 273	21 395	−1 250	−764	−486	346
重庆	86 276		86 276	49 154	86 353		86 353	49 736	−77		−77	−582
四川	201 360		201 360	102 201	192 793		192 793	101 337	8 567		8 567	864
贵州	68 046		68 046	15 130	69 001		69 001	15 037	−955		−955	93
云南	98 713		98 713	31 343	98 845		98 845	31 788	−132		−132	−445
西藏	12		12	12	13		13	13	−1		−1	−1
陕西	53 182		53 182	12 599	50 245		50 245	11 646	2 937		2 937	953
甘肃	7 958		7 958	1 738	8 102		8 102	1 584	−144		−144	154
青海	35 922		35 922	400	35 872		35 872	342	50		50	58
宁夏	22 679		22 679	10 663	22 659		22 659	10 619	20		20	44
新疆	76 834		76 834	17 891	84 528		84 528	15 186	−7 694		−7 694	2 705

各地区海水养殖面积（按品种分）（一）

单位：公顷

地　　区	海水养殖面积	1. 鱼类	2. 甲壳类	(1) 虾	其　　中			
					南美白对虾	斑节对虾	中国对虾	日本对虾
全国总计	2 240 058	79 657	294 904	245 334	168 493	14 461	11 938	19 366
天　　津	1 055		1 055	1 055	1 055			
河　　北	105 067	605	26 013	24 126	15 675	123	4 574	3 653
辽　　宁	769 056	6 712	12 239	12 239	4 463		4 000	3 776
上　　海								
江　　苏	174 099	3 424	20 570	12 308	2 562	3 109	1 066	160
浙　　江	84 460	2 530	21 978	8 302	3 579	165	54	210
福　　建	181 427	13 487	22 731	14 710	9 558	1 498	447	2 866
山　　东	662 331	5 495	95 216	87 855	62 432	283	1 796	8 196
广　　东	177 808	38 588	66 998	58 234	44 730	8 263	1	502
广　　西	70 846	2 452	23 239	22 214	21 981	222		3
海　　南	13 909	6 364	4 865	4 291	2 458	798		

各地区海水养殖面积（按品种分）（二）

单位：公顷

地　　区	2. 甲壳类（续）			3. 贝类	其　　中			
	(2) 蟹	其　　中			牡蛎	鲍	螺	蚶
		梭子蟹	青蟹					
全国总计	49 570	21 132	24 602	1 398 326	288 608	17 582	37 672	34 301
天　　津								
河　　北	1 887	1 751		69 469	1 450		1 860	3 280
辽　　宁				536 939	40 211	3 225		14 609
上　　海								
江　　苏	8 262	5 792	2 440	116 027	15 001		21 606	4 795
浙　　江	13 676	3 019	7 980	39 667	6 414		2 535	5 473
福　　建	8 021	3 424	4 059	88 899	43 639	7 055	697	2 089
山　　东	7 361	6 765	572	434 115	126 312	6 707	1 238	1 979
广　　东	8 764	381	8 080	67 776	39 204	595	4 011	1 930
广　　西	1 025		1 005	42 890	15 418		4 830	136
海　　南	574		466	2 544	959		895	10

各地区海水养殖面积（按品种分）（三）

单位：公顷

地　区	3. 贝类（续）					4. 藻类	其　中			
	其中（续）						海带	裙带菜	紫菜	江蓠
	贻贝	江珧	扇贝	蛤	蛏					
全国总计	35 553	434	349 949	434 005	52 519	150 462	51 961	10 962	63 920	17 803
天　津										
河　北			44 189	14 810	210					
辽　宁	3 502		172 511	192 028	11 318	20 919	11 501	9 385		
上　海										
江　苏	1 053			65 261	3 247	31 772			31 772	
浙　江	2 536		31	5 759	13 106	19 099	971		16 573	
福　建	2 476		414	17 192	13 676	53 547	24 401		12 409	15 677
山　东	22 332		127 895	107 387	10 272	23 026	15 020	1 567	2 404	1 267
广　东	3 626	434	4 710	11 167	379	1 905	68	10	762	831
广　西	18		43	19 896	311	59				
海　南	10		156	505		135				28

各地区海水养殖面积（按品种分）（四）

单位：公顷

地　区	4. 藻类（续）				5. 其他	其　中			
	其中（续）								
	麒麟菜	石花菜	羊栖菜	苔菜		海参	海胆	海水珍珠	海蜇
全国总计	57		1 775		316 709	268 467	16 943	1 623	11 822
天　津									
河　北					8 980	8 449			182
辽　宁					192 247	166 365	9 911		9 124
上　海									
江　苏					2 306	767			1 495
浙　江			1 503		1 186	8			
福　建			272		2 763	1 872			614
山　东					104 479	90 809	5 556		407
广　东					2 541	196	1 476	612	
广　西					2 206			1 011	
海　南	57				1	1			

各地区海水养殖面积（按水域和养殖方式分）（一）

单位：公顷

地　　区	海水养殖面积	按养殖水域分			养殖方式中	
		1. 海上	2. 滩涂	3. 其他	1. 池塘	2. 普通网箱（米²）
全国总计	2 240 058	1 404 973	533 805	301 280	435 487	118 407 516
天　津	1 055			1 055	1 055	
河　北	105 067	61 107	12 580	31 380	31 479	1 224 842
辽　宁	769 056	600 018	91 809	77 229	88 060	93 598 307
上　海						
江　苏	174 099	49 295	107 719	17 085	27 742	
浙　江	84 460	27 794	33 604	23 062	21 599	572 335
福　建	181 427	111 448	42 734	27 245	22 773	15 337 341
山　东	662 331	464 285	156 663	41 383	128 754	3 388 175
广　东	177 808	62 125	64 324	51 359	82 192	3 326 988
广　西	70 846	24 129	22 092	24 625	23 748	558 023
海　南	13 909	4 772	2 280	6 857	8 085	401 505

各地区海水养殖面积（按水域和养殖方式分）（二）

单位：公顷

地　　区	养殖方式中（续）				
	3. 深水网箱（米³）	4. 筏式	5. 吊笼	6. 底播	7. 工厂化（米³）
全国总计	65 195 776	442 811	179 716	1 010 459	48 639 493
天　津					154 696
河　北	175 088	46 339		16 852	5 510 600
辽　宁	491 000	86 537	3 769	577 478	4 395 003
上　海					
江　苏	30 000	35 229	11 635	90 527	633 100
浙　江	8 167 890	25 224	738	18 327	2 438 364
福　建	20 109 485	68 428	6 935	19 879	13 474 313
山　东	3 951 448	147 710	149 012	221 338	12 617 699
广　东	16 817 194	24 770	5 469	42 585	2 334 196
广　西	6 971 315	8 574	1 572	23 212	617 926
海　南	8 482 356		586	261	6 463 596

各地区淡水养殖面积（按水域和养殖方式分）（一）

单位：公顷

地　　区	淡水养殖面积	按水域分			
		1. 池塘	2. 湖泊	3. 水库	4. 河沟
全国总计	5 327 823	2 624 589	807 768	1 605 617	149 466
北　　京	1 589	1 583			
天　　津	22 590	22 525			35
河　　北	26 057	20 239	1 735	3 262	273
山　　西	18 944	3 103	1 139	14 602	5
内　蒙　古	120 835	15 712	46 100	55 534	3 489
辽　　宁	181 869	36 408	88	88 329	4 856
吉　　林	344 533	32 847	117 524	176 637	17 517
黑　龙　江	434 965	112 664	163 089	148 503	8 043
上　　海	12 029	11 426	302		301
江　　苏	405 718	303 409	41 317	11 389	28 538
浙　　江	173 264	87 448	5 128	67 432	10 814
安　　徽	409 033	191 742	94 001	74 589	41 844
福　　建	85 448	37 049	242	42 076	2 987
江　　西	410 328	165 239	85 865	148 636	8 111
山　　东	158 948	99 986	1 735	53 499	
河　　南	125 895	97 581	1 903	21 304	4 142
湖　　北	805 306	525 205	138 381	135 616	3 389
湖　　南	455 445	274 939	62 395	105 356	1 123
广　　东	304 831	259 396	1 497	39 841	333
广　　西	151 427	63 216		81 901	3 578
海　　南	27 787	21 741	45	5 666	
重　　庆	86 276	49 154		36 998	
四　　川	201 360	102 201	2 753	88 322	7 455
贵　　州	68 046	15 130		51 895	20
云　　南	98 713	31 343	844	65 664	219
西　　藏	12	12			
陕　　西	53 182	12 599	7 162	30 530	1 900
甘　　肃	7 958	1 738		5 847	2
青　　海	35 922	400	22 701	12 821	
宁　　夏	22 679	10 663	10 361	968	492
新　　疆	76 834	17 891	1 461	38 400	

各地区淡水养殖面积（按水域和养殖方式分）（二）

单位：公顷

地　　区	按水域分（续）		养殖方式中		
	5. 其他	6. 稻田	1. 围栏（米²）	2. 网箱（米²）	3. 工厂化（米³）
全国总计	140 383	3 070 214	109 399 482	34 106 849	53 595 707
北　　京	6				155 030
天　　津	30	35 955			81 000
河　　北	548	7 741		21 978	349 558
山　　西	95	177		5 810	225 212
内　蒙　古		10 884			34 290
辽　　宁	52 188	91 342	530 600	6 499 400	22 500
吉　　林	8	79 693	1 265 870	70 800	112 632
黑　龙　江	2 666	52 038		17 966	
上　　海		189			31 500
江　　苏	21 065	224 850	104 500	1 784 825	2 152 264
浙　　江	2 442	65 420	283 677	351 133	11 283 316
安　　徽	6 857	538 409	23 792 329	3 350 115	2 496 718
福　　建	3 094	16 938	37 696	1 052 250	8 248 046
江　　西	2 477	147 372	5 171 330	1 035 860	3 375 007
山　　东	3 728	9 737	650 000	66 400	8 706 887
河　　南	965	76 017		11 500	52 470
湖　　北	2 715	589 817		15 041 708	8 109 695
湖　　南	11 632	357 968		2 016 395	1 999 239
广　　东	3 764	4 255		56 865	1 760 593
广　　西	2 732	61 883	77 561 080	829 075	1 034 628
海　　南	335	17		27 600	152 500
重　　庆	124	34 539			92 056
四　　川	629	343 189			354 605
贵　　州	1 001	198 645			166 388
云　　南	643	104 880	2 400	844 517	1 411 371
西　　藏					2 500
陕　　西	991	16 344		83 250	511 865
甘　　肃	371	6		136 250	13 813
青　　海				452 542	211 369
宁　　夏	195	1 064			32 495
新　　疆	19 082	845		350 610	416 160

3-2 水产苗种

全国水产苗种数量

指　　　标	计量单位	2024 年	2023 年	2024 年比 2023 年增减（±）	
				绝对量	幅度（%）
淡水鱼苗产量	亿尾	15 448	14 889	560	3.76
其中：罗非鱼	亿尾	162	163	−1	−0.39
淡水鱼种产量	吨	3 708 497	3 646 857	61 640	1.69
投放鱼种产量	吨	4 594 356	4 476 836	117 520	2.63
河蟹育苗量	千克	1 334 110	1 088 234	245 876	22.59
扣蟹	千克	75 699 808	77 766 410	−2 066 602	−2.66
稚鳖数量	万只	84 140	78 723	5 417	6.88
稚龟数量	万只	12 587	11 787	801	6.79
鳗苗捕捞量	千克	15 458	13 095	2 363	18.05
海水鱼苗产量	万尾	1 328 842	1 332 550	−3 708	−0.28
其中：大黄鱼	万尾	273 468	245 052	28 416	11.60
鲆鱼	万尾	53 072	53 371	−299	−0.56
虾类育苗量	亿尾	16 970	17 465	−495	−2.83
其中:南美白对虾	亿尾	12 123	12 989	−866	−6.67
贝类育苗量	万粒	398 377 793	406 389 493	−8 011 700	−1.97
其中:鲍鱼育苗量	万粒	1 336 820	1 280 514	56 306	4.40
海带育苗量	亿株	342	342	0	0.04
紫菜育苗量	亿贝壳	11	10	1	10.49
海参	亿头	660	646	13	2.09

各地区水产苗种数量（一）

地　区	淡水鱼苗 （亿尾）	其中：罗非鱼 （亿尾）	淡水鱼种 （吨）	投放鱼种 （吨）	河蟹育苗 （千克）	扣蟹 （千克）
全国总计	15 448.41	161.89	3 708 497	4 594 356	1 334 110	75 699 808
北　京	13.69		1 613	4 431		
天　津	110.55	0.01	11 585	27 234	4 061	832 429
河　北	79.82	0.21	17 781	32 848		75 000
山　西	2.80		6 551	6 747		
内 蒙 古	2.35		8 172	12 092		
辽　宁	90.00		94 449	93 298	88 510	31 385 862
吉　林	17.69		11 294	21 506		3 136 088
黑 龙 江	14.00		42 855	94 845		2 271 609
上　海	6.29		864	5 107	10 200	4 953 000
江　苏	533.15	0.34	233 503	376 110	966 810	18 503 449
浙　江	313.07	0.03	52 843	90 674	405	165 784
安　徽	483.12	1.02	319 818	415 732		12 506 688
福　建	25.79	4.51	18 657	50 487	20	
江　西	396.98	2.68	325 007	462 776	7 202	82 525
山　东	81.47	0.07	92 139	130 012	15 371	40 598
河　南	61.67	0.03	85 207	98 325		4 768
湖　北	1 504.00	4.00	1 199 151	1 190 918	240 876	1 089 684
湖　南	799.67		471 917	517 061		38 358
广　东	7 830.23	72.20	173 223	191 235	655	
广　西	2 368.97	19.13	139 746	153 928		
海　南	47.43	44.40	1 382	2 256		
重　庆	88.81	0.06	67 262	111 663		
四　川	306.07	0.96	209 936	318 740		
贵　州	72.01		14 385	25 971		
云　南	173.99	12.01	55 514	92 885		1 480
西　藏	0.17	0.17	6	8		
陕　西	8.00	0.05	11 335	15 023		508 350
甘　肃	0.51		1 996	1 798		11 699
青　海	0.11		1 782	1 512		15 620
宁　夏	7.79		20 209	25 361		76 817
新　疆	8.21	0.01	18 315	23 773		

各地区水产苗种数量（二）

地 区	稚鳖 （万只）	稚龟 （万只）	鳗苗捕捞 （千克）	海水鱼苗 （万尾）	其 中	
					大黄鱼（万尾）	鲆鱼（万尾）
全国总计	**84 139.65**	**12 587.46**	**15 458**	**1 328 841.97**	**273 468.00**	**53 072.00**
北　　京	1.50	0.20				
天　　津	97.00			4 848.00		4 490.00
河　　北	525.00			10 719.00		1 020.00
山　　西	36.54					
内　蒙　古	2.00					
辽　　宁				4 223.00		3 958.00
吉　　林						
黑　龙　江						
上　　海	17.00	89.00	96			
江　　苏	3 801.00	636.00	6 146	13 358.00	1 260.00	52.00
浙　　江	9 428.79	1 453.38	1 758	61 705.90	34 891.00	62.00
安　　徽	10 729.06	718.92				
福　　建	143.00	2.29	7 440	346 216.00	237 200.00	110.00
江　　西	18 022.85	3 278.70				
山　　东	914.00			84 176.00		43 380.00
河　　南	2 627.30	8.00				
湖　　北	8 539.00	2 643.00				
湖　　南	13 638.44	1 433.15				
广　　东	7 615.00	1 708.00	18	679 623.00	117.00	
广　　西	6 876.45	589.75		103.07		
海　　南		18.60		123 870.00		
重　　庆	76.40	1.82				
四　　川	478.68	2.64				
贵　　州	2.84	4.00				
云　　南		0.01				
西　　藏						
陕　　西	561.80					
甘　　肃	6.00					
青　　海						
宁　　夏						
新　　疆						

各地区水产苗种数量（三）

地　　区	虾类育苗（亿尾）	其中：南美白对虾（亿尾）	贝类育苗（万粒）	其中：鲍鱼（万粒）	海带（亿株）	紫菜（亿贝壳）	海参（亿头）
全国总计	**16 969.66**	**12 122.90**	**398 377 793**	**1 336 820**	**341.91**	**10.64**	**659.98**
北　　京							
天　　津	41.14	35.64					
河　　北	603.75	586.45	552 000				37.46
山　　西							
内　蒙　古							
辽　　宁	147.00	101.00	6 431 028	2 740	6.00		222.00
吉　　林							
黑　龙　江							
上　　海	7.70	5.00					
江　　苏	228.66	188.18	1 021 165			1.94	
浙　　江	392.33	53.51	104 022 841		1.00	3.01	
安　　徽	348.29		88 997				
福　　建	1 051.48	753.73	219 087 437	1 074 035	223.41	4.28	0.33
江　　西	61.11		2 600				
山　　东	4 720.50	3 763.00	64 860 903	16 052	111.50		399.97
河　　南	21.46						
湖　　北	1 347.40		16				
湖　　南	110.54						
广　　东	6 137.00	5 372.00	1 250 100	243 993		1.41	0.22
广　　西	228.29	218.52	116 943				
海　　南	1 485.38	1 045.81	943 464				
重　　庆	7.92	0.06	300				
四　　川	29.42						
贵　　州							
云　　南	0.25						
西　　藏							
陕　　西	0.04						
甘　　肃							
青　　海							
宁　　夏							
新　　疆							

3-3 年末渔船拥有量

全国渔船年末拥有量（一）

指　标	2024 年			2023 年			2024 年比 2023 年增减（±）		
	艘	总吨	千瓦	艘	总吨	千瓦	艘	总吨	千瓦
渔船合计	**485 713**	**11 253 918**	**20 044 524**	**496 530**	**10 574 984**	**18 940 154**	**−10 817**	**678 934**	**1 104 370**
机动渔船合计	335 368	11 027 033	20 044 524	338 817	10 329 559	18 940 154	−3 449	697 474	1 104 370
1. 生产渔船	318 057	9 639 869	17 258 806	324 387	9 085 055	16 404 120	−6 330	554 814	854 686
（1）捕捞渔船	227 359	8 938 310	14 516 784	231 548	8 612 189	14 303 593	−4 189	326 121	213 191
441 千瓦（含）以上	3 437	2 211 303	3 307 256	3 416	1 946 748	3 046 981	21	264 555	260 275
44.1（含）～441 千瓦	42 225	6 018 940	8 455 471	43 147	5 903 180	8 575 891	−922	115 760	−120 420
44.1 千瓦以下	181 697	708 067	2 754 057	184 985	762 261	2 680 721	−3 288	−54 194	73 336
（2）养殖渔船	90 698	701 559	2 742 022	92 839	472 866	2 100 527	−2 141	228 693	641 495
2. 辅助渔船	17 311	1 387 164	2 785 718	14 430	1 244 504	2 536 034	2 881	142 660	249 684
（1）捕捞辅助船	10 977	1 268 879	1 857 976	10 479	1 142 778	1 717 549	498	126 101	140 427
（2）渔业执法船	3 313	105 457	871 678	3 140	90 181	780 214	173	15 276	91 464
机动渔船按船长分　24 米（含）以上	36 575	8 953 018	12 273 613	35 165	8 166 740	11 511 400	1 410	786 278	762 213
机动渔船按船长分　12（含）～24 米	40 495	1 244 749	3 521 173	38 332	1 277 259	3 364 136	2 163	−32 510	157 037
机动渔船按船长分　12 米以下	258 298	829 266	4 249 738	265 320	885 560	4 064 618	−7 022	−56 294	185 120
非机动渔船合计	150 345	226 885	157 713	157 713	245 425	−18 540	−7 368		

全国渔船年末拥有量（二）

指标	总数			海洋渔船			内陆渔船		
	艘	总吨	千瓦	艘	总吨	千瓦	艘	总吨	千瓦
渔船合计	485 713	11 253 918	20 044 524	212 697	10 738 216	18 127 818	273 016	515 702	1 916 706
机动渔船合计	335 368	11 027 033	20 044 524	210 521	10 730 602	18 127 818	124 847	296 431	1 916 706
1. 生产渔船	318 057	9 639 869	17 258 806	197 739	9 384 460	15 778 588	120 318	255 409	1 480 218
(1) 捕捞渔船	227 359	8 938 310	14 516 784	131 457	8 738 877	13 278 922	95 902	199 433	1 237 862
441千瓦（含）以上	3 437	2 211 303	3 307 256	3 437	2 211 303	3 307 256			
44.1（含）~441千瓦	42 225	6 018 940	8 455 471	41 543	6 005 384	8 363 433	682	13 556	92 038
44.1千瓦以下	181 697	708 067	2 754 057	86 477	522 190	1 608 233	95 220	185 877	1 145 824
(2) 养殖渔船	90 698	701 559	2 742 022	66 282	645 583	2 499 666	24 416	55 976	242 356
2. 辅助渔船	17 311	1 387 164	2 785 718	12 782	1 346 142	2 349 230	4 529	41 022	436 488
(1) 捕捞辅助船	10 977	1 268 879	1 857 976	9 504	1 259 655	1 745 844	1 473	9 224	112 132
(2) 渔业执法船	3 313	105 457	871 678	575	72 659	486 477	2 738	32 798	385 201
机动渔船按船长分 24米（含）以上	36 575	8 953 018	12 273 613	36 351	8 932 282	12 215 447	224	20 736	58 166
12（含）~24米	40 495	1 244 749	3 521 173	34 196	1 167 403	3 244 253	6 299	77 346	276 920
12米以下	258 298	829 266	4 249 738	139 974	630 917	2 668 118	118 324	198 349	1 581 620
非机动渔船合计	150 345	226 885		2 176	7 614		148 169	219 271	

各地区机动渔船年末拥有量

地 区	2024 年			2023 年			2024 年比 2023 年增减（±）		
	艘	总吨	千瓦	艘	总吨	千瓦	艘	总吨	千瓦
全国总计	335 368	11 027 033	20 044 524	338 817	10 329 559	18 940 154	−3 449	697 474	1 104 370
北　京	162	57 387	106 795	26	9 472	12 891	136	47 915	93 904
天　津	515	39 095	70 943	668	35 053	68 301	−153	4 042	2 642
河　北	5 889	337 621	575 803	5 994	317 624	551 123	−105	19 997	24 680
山　西	126	196	1 247	138	219	1 539	−12	−23	−292
内 蒙 古	863	1 362	11 657	1 132	2 065	16 987	−269	−703	−5 330
辽　宁	27 925	706 738	1 808 989	26 384	675 117	1 763 651	1 541	31 621	45 338
吉　林	2 474	6 126	56 304	3 971	7 582	71 840	−1 497	−1 456	−15 536
黑 龙 江	9 007	15 621	114 788	9 367	15 935	115 368	−360	−314	−580
上　海	448	97 133	176 785	471	99 463	174 951	−23	−2 330	1 834
江　苏	26 809	443 185	928 438	27 573	430 338	905 871	−764	12 847	22 567
浙　江	21 847	2 924 697	4 089 702	22 611	2 912 970	4 124 457	−764	11 727	−34 755
安　徽	4 823	51 771	109 329	4 974	52 125	110 497	−151	−354	−1 168
福　建	45 819	2 157 109	3 759 891	47 680	2 038 522	3 251 156	−1 861	118 587	508 735
江　西	3 445	13 090	46 640	5 861	22 162	64 278	−2 416	−9 072	−17 638
山　东	57 936	1 678 527	2 889 638	52 992	1 152 651	2 294 549	4 944	525 876	595 089
河　南	3 312	17 605	55 664	3 549	18 016	61 269	−237	−411	−5 605
湖　北	4 720	10 204	63 543	5 252	9 885	66 777	−532	319	−3 234
湖　南	8 947	16 710	53 630	9 161	16 744	55 096	−214	−34	−1 466
广　东	50 312	1 199 517	2 398 570	50 054	1 174 438	2 322 026	258	25 079	76 544
广　西	31 054	592 494	1 139 949	31 314	562 669	1 138 593	−260	29 825	1 356
海　南	23 774	643 107	1 429 555	23 895	630 992	1 412 730	−121	12 115	16 825
重　庆	284	2 181	25 280	291	2 237	25 026	−7	−56	254
四　川	286	1 923	18 793	305	1 860	17 099	−19	63	1 694
贵　州	1 417	3 123	36 841	1 413	3 044	35 938	4	79	903
云　南	852	2 695	25 624	888	2 918	26 257	−36	−223	−633
西　藏									
陕　西	450	3 251	10 069	469	3 297	10 296	−19	−46	−227
甘　肃	31	71	1 206	31	71	1 206			
青　海	1 067	2 064	24 149	1 194	1 572	14 094	−127	492	10 055
宁　夏	19	72	927	21	70	1 059	−2	2	−132
新　疆	755	2 358	13 775	886	2 872	14 313	−131	−514	−538
中农发集团	259	125 746	212 036	252	127 576	210 916	7	−1 830	1 120

各地区机动渔船年末拥有量（按船长分）

地 区	24米（含）以上			12（含）～24米			12米以下		
	艘	总吨	千瓦	艘	总吨	千瓦	艘	总吨	千瓦
全国总计	36 575	8 953 018	12 273 613	40 495	1 244 749	3 521 173	258 298	829 266	4 249 738
北 京	144	57 297	105 546	4	40	422	14	50	827
天 津	142	30 221	39 526	172	7 201	20 975	201	1 673	10 442
河 北	1 411	242 463	282 930	2 049	76 136	224 418	2 429	19 022	68 455
山 西							126	196	1 247
内 蒙 古				9	205	958	854	1 157	10 699
辽 宁	3 832	471 394	1 042 260	4 773	158 509	417 736	19 320	76 835	348 993
吉 林	6	1 189	1 610	174	1 892	9 965	2 294	3 045	44 729
黑 龙 江	22	2 505	6 698	401	1 223	7 538	8 584	11 893	100 552
上 海	253	94 196	145 498	46	2 601	19 671	149	336	11 616
江 苏	2 635	342 086	529 459	2 368	61 463	123 756	21 806	39 636	275 223
浙 江	10 463	2 811 913	3 808 507	1 763	68 242	132 787	9 621	44 542	148 408
安 徽	11	861	5 449	400	20 128	23 958	4 412	30 782	79 922
福 建	5 858	1 891 484	2 346 236	8 306	175 426	797 659	31 655	90 199	615 996
江 西	9	600	1 787	327	2 516	7 945	3 109	9 974	36 908
山 东	5 546	1 440 356	1 848 044	5 211	136 072	403 163	47 179	102 099	638 431
河 南	12	904	2 300	980	11 558	18 326	2 320	5 143	35 038
湖 北	8	1 666	2 709	76	1 773	10 547	4 636	6 765	50 287
湖 南	15	1 133	2 011	658	1 523	12 776	8 274	14 054	38 843
广 东	3 218	795 052	1 137 405	5 915	288 713	589 205	41 179	115 752	671 960
广 西	1 758	473 020	525 478	2 947	49 966	178 678	26 349	69 508	435 793
海 南	1 192	291 970	429 171	3 489	173 652	487 045	19 093	177 485	513 339
重 庆	5	355	3 489	69	1 027	8 718	210	799	13 073
四 川	6	330	1 148	32	712	3 118	248	881	14 527
贵 州	2	149	417	92	838	8 444	1 323	2 136	27 980
云 南	8	454	4 194	14	228	3 018	830	2 013	18 412
西 藏									
陕 西	8	690	981	52	1 568	3 507	390	993	5 581
甘 肃				3	15	309	28	56	897
青 海	10	680	220	24	310	924	1 033	1 074	23 005
宁 夏							19	72	927
新 疆	1	50	540	141	1 212	5 607	613	1 096	7 628
中农发集团	254	125 166	209 386	5	580	2 650			

各地区机动渔船年末拥有量（生产渔船）

地　　区	生产渔船			捕捞渔船			养殖渔船		
	艘	总吨	千瓦	艘	总吨	千瓦	艘	总吨	千瓦
全国总计	318 057	9 639 869	17 258 806	227 359	8 938 310	14 516 784	90 698	701 559	2 742 022
北　京	144	57 297	105 546	144	57 297	105 546			
天　津	456	33 980	57 863	456	33 980	57 863			
河　北	5 633	313 262	525 182	3 791	269 041	317 983	1 842	44 221	207 199
山　西	124	184	1 031	96	71	604	28	113	427
内　蒙　古	817	956	7 709	687	811	6 501	130	145	1 208
辽　宁	27 165	637 914	1 610 292	14 728	545 224	1 214 404	12 437	92 690	395 888
吉　林	2 310	3 285	42 237	1 519	1 829	25 169	791	1 456	17 068
黑　龙　江	8 846	12 351	95 330	7 127	9 784	66 600	1 719	2 567	28 730
上　海	342	72 631	110 015	342	72 631	110 015			
江　苏	25 231	406 574	779 428	20 865	371 283	675 559	4 366	35 291	103 869
浙　江	19 786	2 420 418	3 295 301	16 565	2 401 858	3 241 659	3 221	18 560	53 642
安　徽	4 440	48 141	61 807	3 938	46 275	55 841	502	1 866	5 966
福　建	42 448	1 784 408	3 305 783	15 225	1 605 336	2 142 675	27 223	179 072	1 163 108
江　西	3 313	11 448	31 190	437	1 166	3 286	2 876	10 282	27 904
山　东	56 818	1 470 994	2 510 902	39 448	1 226 346	2 125 041	17 370	244 648	385 861
河　南	3 192	16 453	46 751	2 546	14 727	37 945	646	1 726	8 806
湖　北	4 343	6 113	31 916	2 323	2 610	11 788	2 020	3 503	20 128
湖　南	8 515	13 474	28 537				8 515	13 474	28 537
广　东	47 459	1 117 613	2 124 058	43 689	1 086 132	1 943 973	3 770	31 481	180 085
广　西	28 689	567 864	1 012 654	26 799	561 848	940 286	1 890	6 016	72 368
海　南	23 555	633 239	1 401 222	23 386	624 634	1 381 303	169	8 605	19 919
重　庆	87	547	1 391				87	547	1 391
四　川	146	730	2 572				146	730	2 572
贵　州	1 290	1 732	19 633	1 129	1 488	16 695	161	244	2 938
云　南	744	1 715	9 193	704	1 611	8 532	40	104	661
西　藏									
陕　西	428	3 109	8 715				428	3 109	8 715
甘　肃	20	20	200				20	20	200
青　海	974	1 116	21 007	935	903	20 225	39	213	782
宁　夏	8	8	105				8	8	105
新　疆	734	2 293	11 236	480	1 425	7 291	254	868	3 945
中农发集团	259	125 746	212 036	259	125 746	212 036			

各地区海洋机动渔船年末拥有量

地　区	2024 年			2023 年			2024 年比 2023 年增减（±）		
	艘	总吨	千瓦	艘	总吨	千瓦	艘	总吨	千瓦
全国总计	210 521	10 730 602	18 127 818	210 591	9 977 898	17 056 778	－70	752 704	1 071 040
北　京	144	57 297	105 546	8	9 382	11 642	136	47 915	93 904
天　津	399	38 965	68 909	370	34 947	63 575	29	4 018	5 334
河　北	5 302	336 469	564 637	5 313	316 281	538 924	－11	20 188	25 713
辽　宁	26 155	700 701	1 789 696	24 604	669 497	1 743 606	1 551	31 204	46 090
上　海	276	93 931	145 211	286	96 254	145 663	－10	－2 323	－452
江　苏	4 231	389 828	612 499	4 212	357 918	580 832	19	31 910	31 667
浙　江	18 023	2 913 677	4 038 480	18 469	2 901 874	4 070 352	－446	11 803	－31 872
福　建	42 947	2 154 345	3 742 613	44 730	2 035 511	3 233 050	－1 783	118 834	509 563
山　东	31 120	1 641 550	2 460 950	30 511	1 113 652	1 988 769	609	527 898	472 181
广　东	40 730	1 187 278	2 224 722	40 529	1 140 360	2 116 622	201	46 918	108 100
广　西	17 504	573 707	945 752	17 435	543 677	940 339	69	30 030	5 413
海　南	23 690	642 854	1 428 803	23 872	630 969	1 412 488	－182	11 885	16 315
中农发集团	259	125 746	212 036	252	127 576	210 916	7	－1 830	1 120

各地区海洋机动渔船年末拥有量（按船长分）

地　区	24 米（含）以上			12（含）～24 米			12 米以下		
	艘	总吨	千瓦	艘	总吨	千瓦	艘	总吨	千瓦
全国总计	36 351	8 932 282	12 215 447	34 196	1 167 403	3 244 253	139 974	630 917	2 668 118
北　京	144	57 297	105 546						
天　津	142	30 221	39 526	172	7 201	20 975	85	1 543	8 408
河　北	1 410	242 382	282 460	2 045	76 086	223 909	1 847	18 001	58 268
辽　宁	3 824	470 148	1 037 412	4 693	158 019	417 636	17 638	72 534	334 648
上　海	244	92 629	137 714	28	1 281	7 300	4	21	197
江　苏	2 567	341 098	522 473	1 136	42 315	74 792	528	6 415	15 234
浙　江	10 452	2 811 493	3 807 123	1 709	67 233	129 402	5 862	34 951	101 955
福　建	5 858	1 891 484	2 346 236	8 275	175 222	797 180	28 814	87 639	599 197
山　东	5 546	1 440 356	1 848 044	4 787	134 798	333 399	20 787	66 396	279 507
广　东	3 216	790 231	1 134 813	5 061	282 462	581 603	32 453	114 585	508 306
广　西	1 756	472 973	524 929	2 801	49 134	171 012	12 947	51 600	249 811
海　南	1 192	291 970	429 171	3 489	173 652	487 045	19 009	177 232	512 587
中农发集团	254	125 166	209 386	5	580	2 650			

各地区海洋机动渔船年末拥有量（生产渔船）

地　　区	生产渔船			捕捞渔船			养殖渔船		
	艘	总吨	千瓦	艘	总吨	千瓦	艘	总吨	千瓦
全 国 总 计	**197 739**	**9 384 460**	**15 778 588**	**131 457**	**8 738 877**	**13 278 922**	**66 282**	**645 583**	**2 499 666**
北　　京	144	57 297	105 546	144	57 297	105 546			
天　　津	344	33 868	56 042	344	33 868	56 042			
河　　北	5 066	312 289	516 601	3 259	268 120	309 887	1 807	44 169	206 714
辽　　宁	25 419	632 664	1 592 268	13 201	540 862	1 199 151	12 218	91 802	393 117
上　　海	236	72 540	109 161	236	72 540	109 161			
江　　苏	3 987	357 695	513 066	3 653	330 399	452 296	334	27 296	60 770
浙　　江	16 150	2 410 713	3 254 439	13 446	2 394 315	3 208 164	2 704	16 398	46 275
福　　建	39 595	1 781 740	3 289 607	12 418	1 602 731	2 126 885	27 177	179 009	1 162 722
山　　东	30 059	1 434 354	2 088 286	13 380	1 190 698	1 714 767	16 679	243 656	373 519
广　　东	38 005	1 108 182	2 022 721	34 244	1 078 676	1 850 105	3 761	29 506	172 616
广　　西	15 263	550 132	830 381	13 830	544 990	766 367	1 433	5 142	64 014
海　　南	23 471	632 986	1 400 470	23 302	624 381	1 380 551	169	8 605	19 919
中农发集团	259	125 746	212 036	259	125 746	212 036			

各地区内陆机动渔船年末拥有量

地　　区	2024 年			2023 年			2024 年比 2023 年增减（±）		
	艘	总吨	千瓦	艘	总吨	千瓦	艘	总吨	千瓦
全 国 总 计	124 847	296 431	1 916 706	128 226	351 661	1 883 376	−3 379	−55 230	33 330
北　　京	18	90	1 249	18	90	1 249			
天　　津	116	130	2 034	298	106	4 726	−182	24	−2 692
河　　北	587	1 152	11 166	681	1 343	12 199	−94	−191	−1 033
山　　西	126	196	1 247	138	219	1 539	−12	−23	−292
内　蒙　古	863	1 362	11 657	1 132	2 065	16 987	−269	−703	−5 330
辽　　宁	1 770	6 037	19 293	1 780	5 620	20 045	−10	417	−752
吉　　林	2 474	6 126	56 304	3 971	7 582	71 840	−1 497	−1 456	−15 536
黑　龙　江	9 007	15 621	114 788	9 367	15 935	115 368	−360	−314	−580
上　　海	172	3 202	31 574	185	3 209	29 288	−13	−7	2 286
江　　苏	22 578	53 357	315 939	23 361	72 420	325 039	−783	−19 063	−9 100
浙　　江	3 824	11 020	51 222	4 142	11 096	54 105	−318	−76	−2 883
安　　徽	4 823	51 771	109 329	4 974	52 125	110 497	−151	−354	−1 168
福　　建	2 872	2 764	17 278	2 950	3 011	18 106	−78	−247	−828
江　　西	3 445	13 090	46 640	5 861	22 162	64 278	−2 416	−9 072	−17 638
山　　东	26 816	36 977	428 688	22 481	38 999	305 780	4 335	−2 022	122 908
河　　南	3 312	17 605	55 664	3 549	18 016	61 269	−237	−411	−5 605
湖　　北	4 720	10 204	63 543	5 252	9 885	66 777	−532	319	−3 234
湖　　南	8 947	16 710	53 630	9 161	16 744	55 096	−214	−34	−1 466
广　　东	9 582	12 239	173 848	9 525	34 078	205 404	57	−21 839	−31 556
广　　西	13 550	18 787	194 197	13 879	18 992	198 254	−329	−205	−4 057
海　　南	84	253	752	23	23	242	61	230	510
重　　庆	284	2 181	25 280	291	2 237	25 026	−7	−56	254
四　　川	286	1 923	18 793	305	1 860	17 099	−19	63	1 694
贵　　州	1 417	3 123	36 841	1 413	3 044	35 938	4	79	903
云　　南	852	2 695	25 624	888	2 918	26 257	−36	−223	−633
西　　藏									
陕　　西	450	3 251	10 069	469	3 297	10 296	−19	−46	−227
甘　　肃	31	71	1 206	31	71	1 206			
青　　海	1 067	2 064	24 149	1 194	1 572	14 094	−127	492	10 055
宁　　夏	19	72	927	21	70	1 059	−2	2	−132
新　　疆	755	2 358	13 775	886	2 872	14 313	−131	−514	−538

各地区内陆机动渔船年末拥有量（按船长分）

地　　区	24米（含）以上			12（含）～24米			12米以下		
	艘	总吨	千瓦	艘	总吨	千瓦	艘	总吨	千瓦
全国总计	224	20 736	58 166	6 299	77 346	276 920	118 324	198 349	1 581 620
北　　京				4	40	422	14	50	827
天　　津							116	130	2 034
河　　北	1	81	470	4	50	509	582	1 021	10 187
山　　西							126	196	1 247
内　蒙　古				9	205	958	854	1 157	10 699
辽　　宁	8	1 246	4 848	80	490	100	1 682	4 301	14 345
吉　　林	6	1 189	1 610	174	1 892	9 965	2 294	3 045	44 729
黑　龙　江	22	2 505	6 698	401	1 223	7 538	8 584	11 893	100 552
上　　海	9	1 567	7 784	18	1 320	12 371	145	315	11 419
江　　苏	68	988	6 986	1 232	19 148	48 964	21 278	33 221	259 989
浙　　江	11	420	1 384	54	1 009	3 385	3 759	9 591	46 453
安　　徽	11	861	5 449	400	20 128	23 958	4 412	30 782	79 922
福　　建				31	204	479	2 841	2 560	16 799
江　　西	9	600	1 787	327	2 516	7 945	3 109	9 974	36 908
山　　东				424	1 274	69 764	26 392	35 703	358 924
河　　南	12	904	2 300	980	11 558	18 326	2 320	5 143	35 038
湖　　北	8	1 666	2 709	76	1 773	10 547	4 636	6 765	50 287
湖　　南	15	1 133	2 011	658	1 523	12 776	8 274	14 054	38 843
广　　东	2	4 821	2 592	854	6 251	7 602	8 726	1 167	163 654
广　　西	2	47	549	146	832	7 666	13 402	17 908	185 982
海　　南							84	253	752
重　　庆	5	355	3 489	69	1 027	8 718	210	799	13 073
四　　川	6	330	1 148	32	712	3 118	248	881	14 527
贵　　州	2	149	417	92	838	8 444	1 323	2 136	27 980
云　　南	8	454	4 194	14	228	3 018	830	2 013	18 412
西　　藏									
陕　　西	8	690	981	52	1 568	3 507	390	993	5 581
甘　　肃				3	15	309	28	56	897
青　　海	10	680	220	24	310	924	1 033	1 074	23 005
宁　　夏							19	72	927
新　　疆	1	50	540	141	1 212	5 607	613	1 096	7 628

各地区内陆机动渔船年末拥有量（生产渔船）

地　　区	生产渔船			捕捞渔船			养殖渔船		
	艘	总吨	千瓦	艘	总吨	千瓦	艘	总吨	千瓦
全国总计	120 318	255 409	1 480 218	95 902	199 433	1 237 862	24 416	55 976	242 356
北　　京									
天　　津	112	112	1 821	112	112	1 821			
河　　北	567	973	8 581	532	921	8 096	35	52	485
山　　西	124	184	1 031	96	71	604	28	113	427
内　蒙　古	817	956	7 709	687	811	6 501	130	145	1 208
辽　　宁	1 746	5 250	18 024	1 527	4 362	15 253	219	888	2 771
吉　　林	2 310	3 285	42 237	1 519	1 829	25 169	791	1 456	17 068
黑　龙　江	8 846	12 351	95 330	7 127	9 784	66 600	1 719	2 567	28 730
上　　海	106	91	854	106	91	854			
江　　苏	21 244	48 879	266 362	17 212	40 884	223 263	4 032	7 995	43 099
浙　　江	3 636	9 705	40 862	3 119	7 543	33 495	517	2 162	7 367
安　　徽	4 440	48 141	61 807	3 938	46 275	55 841	502	1 866	5 966
福　　建	2 853	2 668	16 176	2 807	2 605	15 790	46	63	386
江　　西	3 313	11 448	31 190	437	1 166	3 286	2 876	10 282	27 904
山　　东	26 759	36 640	422 616	26 068	35 648	410 274	691	992	12 342
河　　南	3 192	16 453	46 751	2 546	14 727	37 945	646	1 726	8 806
湖　　北	4 343	6 113	31 916	2 323	2 610	11 788	2 020	3 503	20 128
湖　　南	8 515	13 474	28 537				8 515	13 474	28 537
广　　东	9 454	9 431	101 337	9 445	7 456	93 868	9	1 975	7 469
广　　西	13 426	17 732	182 273	12 969	16 858	173 919	457	874	8 354
海　　南	84	253	752	84	253	752			
重　　庆	87	547	1 391				87	547	1 391
四　　川	146	730	2 572				146	730	2 572
贵　　州	1 290	1 732	19 633	1 129	1 488	16 695	161	244	2 938
云　　南	744	1 715	9 193	704	1 611	8 532	40	104	661
西　　藏									
陕　　西	428	3 109	8 715				428	3 109	8 715
甘　　肃	20	20	200				20	20	200
青　　海	974	1 116	21 007	935	903	20 225	39	213	782
宁　　夏	8	8	105				8	8	105
新　　疆	734	2 293	11 236	480	1 425	7 291	254	868	3 945

各地区捕捞机动渔船年末拥有量（按功率分）

地　　区	44.1 千瓦以下			44.1（含）～441 千瓦			441 千瓦（含）以上		
	艘	总吨	千瓦	艘	总吨	千瓦	艘	总吨	千瓦
全国总计	181 697	708 067	2 754 057	42 225	6 018 940	8 455 471	3 437	2 211 303	3 307 256
北　　京				35	6 321	11 643	109	50 976	93 903
天　　津	153	1 050	2 894	296	28 623	48 683	7	4 307	6 286
河　　北	2 115	24 370	31 802	1 649	236 178	257 838	27	8 493	28 343
山　　西	96	71	604						
内 蒙 古	687	811	6 501						
辽　　宁	9 721	64 264	159 683	4 845	442 091	951 321	162	38 869	103 400
吉　　林	1 451	1 698	21 878	68	131	3 291			
黑 龙 江	7 121	9 748	66 229	6	36	371			
上　　海	112	201	1 144	163	24 181	33 987	67	48 249	74 884
江　　苏	18 219	59 119	241 310	2 641	299 565	423 913	5	12 599	10 336
浙　　江	6 784	41 463	93 956	8 996	1 795 344	2 323 418	785	565 051	824 285
安　　徽	3 884	43 673	49 262	54	2 602	6 579			
福　　建	9 124	25 606	93 422	5 549	1 137 103	1 426 175	552	442 627	623 078
江　　西	437	1 166	3 286						
山　　东	33 270	82 689	440 362	5 607	656 669	921 077	571	486 988	763 602
河　　南	2 512	14 603	36 259	34	124	1 686			
湖　　北	2 321	2 607	11 638	2	3	150			
湖　　南									
广　　东	37 180	119 271	588 552	5 977	682 112	919 940	532	284 749	435 481
广　　西	24 839	59 161	410 655	1 823	422 886	447 750	137	79 801	81 881
海　　南	18 425	151 135	442 023	4 478	284 905	677 503	483	188 594	261 777
重　　庆									
四　　川									
贵　　州	1 128	1 486	16 629	1	2	66			
云　　南	704	1 611	8 532						
西　　藏									
陕　　西									
甘　　肃									
青　　海	934	839	20 145	1	64	80			
宁　　夏									
新　　疆	480	1 425	7 291						
中农发集团				48	8 934	16 691	211	116 812	195 345

各地区海洋捕捞机动渔船基本情况

地　区	合　计		1. 国内海洋捕捞		2. 远洋渔船	
	艘	千瓦	艘	千瓦	艘	千瓦
全国总计	**131 457**	**13 278 922**	**128 980**	**10 526 446**	**2 477**	**2 752 476**
北　京	144	105 546			144	105 546
天　津	344	56 042	330	48 304	14	7 738
河　北	3 259	309 887	3 244	296 132	15	13 755
辽　宁	13 201	1 199 151	12 969	958 347	232	240 804
上　海	236	109 161	174	40 035	62	69 126
江　苏	3 653	452 296	3 618	434 218	35	18 078
浙　江	13 446	3 208 164	12 681	2 352 408	765	855 756
福　建	12 418	2 126 885	11 965	1 587 634	453	539 251
山　东	13 380	1 714 767	12 909	1 054 301	471	660 466
广　东	34 244	1 850 105	33 977	1 634 737	267	215 368
广　西	13 830	766 367	13 811	739 779	19	26 588
海　南	23 302	1 380 551	23 302	1 380 551		
中农发集团	259	212 036			259	212 036

各地区海洋捕捞机动渔船年末拥有量（按功率分）

地　区	44.1 千瓦以下			44.1（含）～441 千瓦			441 千瓦（含）以上		
	艘	总吨	千瓦	艘	总吨	千瓦	艘	总吨	千瓦
全国总计	**86 477**	**522 190**	**1 608 233**	**41 543**	**6 005 384**	**8 363 433**	**3 437**	**2 211 303**	**3 307 256**
北　京				35	6 321	11 643	109	50 976	93 903
天　津	41	938	1 073	296	28 623	48 683	7	4 307	6 286
河　北	1 583	23 449	23 706	1 649	236 178	257 838	27	8 493	28 343
辽　宁	8 258	61 562	150 516	4 781	440 431	945 235	162	38 869	103 400
上　海	6	110	290	163	24 181	33 987	67	48 249	74 884
江　苏	1 128	19 949	25 197	2 520	297 851	416 763	5	12 599	10 336
浙　江	3 665	33 920	60 461	8 996	1 795 344	2 323 418	785	565 051	824 285
福　建	6 317	23 001	77 632	5 549	1 137 103	1 426 175	552	442 627	623 078
山　东	7 208	47 090	92 279	5 601	656 620	858 886	571	486 988	763 602
广　东	28 057	118 949	498 627	5 655	674 978	915 997	532	284 749	435 481
广　西	11 873	42 340	237 181	1 820	422 849	447 305	137	79 801	81 881
海　南	18 341	150 882	441 271	4 478	284 905	677 503	483	188 594	261 777
中农发集团				48	8 934	16 691	211	116 812	195 345

各地区海洋捕捞机动渔船年末拥有量（按作业类型分）（一）

地　　区	拖　网			围　网			刺　网		
	艘	总吨	千瓦	艘	总吨	千瓦	艘	总吨	千瓦
全国总计	19 230	3 135 103	4 820 624	5 528	1 371 042	1 694 027	81 309	2 246 150	3 871 898
北　京	64	24 006	50 424	2	2 856	5 368			
天　津	31	5 962	9 740	14	5 036	4 168	285	17 668	34 396
河　北	156	31 877	61 219	106	28 602	29 661	2 977	197 681	208 343
辽　宁	2 903	188 003	535 135	32	6 178	7 055	8 136	311 387	583 521
上　海	187	36 041	58 566	11	17 957	28 634			
江　苏	293	47 414	60 107	13	5 857	5 210	2 398	158 736	252 627
浙　江	4 321	883 750	1 283 861	288	120 479	151 933	5 284	526 328	633 347
福　建	1 775	408 023	609 551	1 493	673 233	765 723	5 699	281 487	390 602
山　东	3 917	583 161	847 034	753	193 384	262 604	6 490	191 461	265 666
广　东	2 590	437 494	660 288	831	174 396	244 975	25 478	226 680	550 789
广　西	1 673	392 256	419 222	205	6 493	10 461	10 123	42 254	222 062
海　南	1 320	97 116	225 477	1 780	136 571	178 235	14 439	292 468	730 545
中农发集团	110	51 768	89 321	5	7 840	13 164			

各地区海洋捕捞机动渔船年末拥有量（按作业类型分）（二）

地　　区	张　网			钓　业			其　他		
	艘	总吨	千瓦	艘	总吨	千瓦	艘	总吨	千瓦
全国总计	7 079	309 927	419 396	12 769	1 209 822	1 843 780	5 542	466 833	629 197
北　京	8	900	1 760	8	9 382	11 642	62	20 153	36 352
天　津	12	2 010	3 914	2	3 192	3 824			
河　北				17	9 883	10 620	3	77	44
辽　宁	1 200	18 534	25 857	709	9 754	37 702	221	7 006	9 881
上　海	19	496	1 456	19	18 046	20 505			
江　苏	729	69 963	82 991	1	25	29	219	48 404	51 332
浙　江	1 606	186 277	221 392	1 358	570 410	789 218	589	107 071	128 413
福　建	763	15 167	35 092	1 337	190 431	260 592	1 351	34 390	65 325
山　东	1 155	8 203	16 575	927	177 790	274 041	138	36 699	48 847
广　东	126	1 916	3 137	3 796	170 378	271 189	1 423	67 812	119 727
广　西	51	102	1 228	1 406	1 943	23 793	372	101 942	89 601
海　南	1 410	6 359	25 994	3 189	48 588	140 625	1 164	43 279	79 675
中农发集团	8	900	1 760	136	65 238	107 791			

各地区内陆捕捞机动渔船年末拥有量（按功率分）

地　　区	44.1千瓦以下			44.1（含）～441千瓦			441千瓦（含）以上		
	艘	总吨	千瓦	艘	总吨	千瓦	艘	总吨	千瓦
全国总计	95 220	185 877	1 145 824	682	13 556	92 038			
北　京									
天　津	112	112	1 821						
河　北	532	921	8 096						
山　西	96	71	604						
内　蒙　古	687	811	6 501						
辽　宁	1 463	2 702	9 167	64	1 660	6 086			
吉　林	1 451	1 698	21 878	68	131	3 291			
黑　龙　江	7 121	9 748	66 229	6	36	371			
上　海	106	91	854						
江　苏	17 091	39 170	216 113	121	1 714	7 150			
浙　江	3 119	7 543	33 495						
安　徽	3 884	43 673	49 262	54	2 602	6 579			
福　建	2 807	2 605	15 790						
江　西	437	1 166	3 286						
山　东	26 062	35 599	348 083	6	49	62 191			
河　南	2 512	14 603	36 259	34	124	1 686			
湖　北	2 321	2 607	11 638	2	3	150			
湖　南									
广　东	9 123	322	89 925	322	7 134	3 943			
广　西	12 966	16 821	173 474	3	37	445			
海　南	84	253	752						
重　庆									
四　川									
贵　州	1 128	1 486	16 629	1	2	66			
云　南	704	1 611	8 532						
西　藏									
陕　西									
甘　肃									
青　海	934	839	20 145	1	64	80			
宁　夏									
新　疆	480	1 425	7 291						

各地区远洋渔船年末拥有量

地 区	2024 年		2023 年		2024 年比 2023 年增减（±）	
	艘	千瓦	艘	千瓦	艘	千瓦
全国总计	2 477	2 752 476	2 462	2 732 691	15	19 785
北 京	144	105 546	141	104 605	3	941
天 津	14	7 738	15	8 436	−1	−698
河 北	15	13 755	15	13 755	0	0
辽 宁	232	240 804	240	257 032	−8	−16 228
上 海	62	69 126	63	69 734	−1	−608
江 苏	35	18 078	33	21 307	2	−3 229
浙 江	765	855 756	693	761 409	72	94 347
福 建	453	539 251	476	568 665	−23	−29 414
山 东	471	660 466	491	680 416	−20	−19 950
广 东	267	215 368	276	220 744	−9	−5 376
广 西	19	26 588	19	26 588	0	0
海 南						
中农发集团	259	212 036	252	210 916	7	1 120

各地区辅助渔船年末拥有量

地 区	合 计			其 中					
				捕捞辅助船			渔业执法船		
	艘	总吨	千瓦	艘	总吨	千瓦	艘	总吨	千瓦
全国总计	**17 311**	**1 387 164**	**2 785 718**	**10 977**	**1 268 879**	**1 857 976**	**3 313**	**105 457**	**871 678**
北 京	18	90	1 249				18	90	1 249
天 津	59	5 115	13 080	52	4 348	9 761	7	767	3 319
河 北	256	24 359	50 621	219	22 432	41 319	29	1 913	9 060
山 西	2	12	216				2	12	216
内 蒙 古	46	406	3 948	10	8	322	36	398	3 626
辽 宁	760	68 824	198 697	690	61 353	159 523	56	6 994	38 754
吉 林	164	2 841	14 067	2	59	214	135	2 169	12 853
黑 龙 江	161	3 270	19 458				114	2 964	16 147
上 海	106	24 502	66 770	25	18 815	22 918	81	5 687	43 852
江 苏	1 578	36 611	149 010	1 236	26 923	61 617	342	9 688	87 393
浙 江	2 061	504 279	794 401	1 725	485 988	647 545	185	16 961	143 569
安 徽	383	3 630	47 522	57	319	4 613	326	3 311	42 909
福 建	3 371	372 701	454 108	979	362 352	383 737	85	5 721	52 826
江 西	132	1 642	15 450	1	33	216	131	1 609	14 514
山 东	1 118	207 533	378 736	915	188 393	256 488	203	19 140	122 248
河 南	120	1 152	8 913				120	1 152	8 913
湖 北	377	4 091	31 627	121	355	2 065	250	3 736	29 262
湖 南	432	3 236	25 093				270	2 666	20 605
广 东	2 853	81 904	274 512	2 528	76 160	186 438	175	4 700	73 132
广 西	2 365	24 630	127 295	2 114	10 977	54 615	155	10 201	65 812
海 南	219	9 868	28 333	214	9 656	24 742	5	212	3 591
重 庆	197	1 634	23 889				174	1 461	23 588
四 川	140	1 193	16 221				133	1 172	15 981
贵 州	127	1 391	17 208	1	5	63	123	1 299	15 760
云 南	108	980	16 431	7	2	42	101	978	16 381
西 藏									
陕 西	22	142	1 354				8	39	721
甘 肃	11	51	1 006				11	51	1 006
青 海	93	948	3 142	81	701	1 738	12	247	1 404
宁 夏	11	64	822				11	64	822
新 疆	21	65	2 539				15	55	2 165

各地区海洋辅助渔船年末拥有量

地 区	合 计			其 中					
				捕捞辅助船			渔业执法船		
	艘	总吨	千瓦	艘	总吨	千瓦	艘	总吨	千瓦
全国总计	12 782	1 346 142	2 349 230	9 504	1 259 655	1 745 844	575	72 659	486 477
北 京									
天 津	55	5 097	12 867	52	4 348	9 761	3	749	3 106
河 北	236	24 180	48 036	219	22 432	41 319	11	1 746	6 607
辽 宁	736	68 037	197 428	688	60 660	159 413	43	6 877	37 595
上 海	40	21 391	36 050	24	18 797	22 748	16	2 594	13 302
江 苏	244	32 133	99 433	208	25 109	49 843	36	7 024	49 590
浙 江	1 873	502 964	784 041	1 706	485 968	647 343	89	16 084	134 133
福 建	3 352	372 605	453 006	973	362 330	383 688	72	5 647	51 773
山 东	1 061	207 196	372 664	914	188 391	256 413	147	18 805	116 251
广 东	2 725	79 096	202 001	2 410	71 015	96 708	103	3 676	15 746
广 西	2 241	23 575	115 371	2 096	10 949	53 866	50	9 245	54 783
海 南	219	9 868	28 333	214	9 656	24 742	5	212	3 591

各地区内陆辅助渔船年末拥有量

地 区	合 计			其 中					
				捕捞辅助船			渔业执法船		
	艘	总吨	千瓦	艘	总吨	千瓦	艘	总吨	千瓦
全国总计	4 529	41 022	436 488	1 473	9 224	112 132	2 738	32 798	385 201
北 京	18	90	1 249				18	90	1 249
天 津	4	18	213				4	18	213
河 北	20	179	2 585				18	167	2 453
山 西	2	12	216				2	12	216
内 蒙 古	46	406	3 948	10	8	322	36	398	3 626
辽 宁	24	787	1 269	2	693	110	13	117	1 159
吉 林	164	2 841	14 067	2	59	214	135	2 169	12 853
黑 龙 江	161	3 270	19 458				114	2 964	16 147
上 海	66	3 111	30 720	1	18	170	65	3 093	30 550
江 苏	1 334	4 478	49 577	1 028	1 814	11 774	306	2 664	37 803
浙 江	188	1 315	10 360	19	20	202	96	877	9 436
安 徽	383	3 630	47 522	57	319	4 613	326	3 311	42 909
福 建	19	96	1 102	6	22	49	13	74	1 053
江 西	132	1 642	15 450	1	33	216	131	1 609	14 514
山 东	57	337	6 072	1	2	75	56	335	5 997
河 南	120	1 152	8 913				120	1 152	8 913
湖 北	377	4 091	31 627	121	355	2 065	250	3 736	29 262
湖 南	432	3 236	25 093				270	2 666	20 605
广 东	128	2 808	72 511	118	5 145	89 730	72	1 024	57 386
广 西	124	1 055	11 924	18	28	749	105	956	11 029
海 南									
重 庆	197	1 634	23 889				174	1 461	23 588
四 川	140	1 193	16 221				133	1 172	15 981
贵 州	127	1 391	17 208	1	5	63	123	1 299	15 760
云 南	108	980	16 431	7	2	42	101	978	16 381
西 藏									
陕 西	22	142	1 354				8	39	721
甘 肃	11	51	1 006				11	51	1 006
青 海	93	948	3 142	81	701	1 738	12	247	1 404
宁 夏	11	64	822				11	64	822
新 疆	21	65	2 539				15	55	2 165

各地区非机动渔船年末拥有量

地　　区	合　　计		海洋渔业非机动渔船		内陆渔业非机动渔船	
	艘	总吨	艘	总吨	艘	总吨
全国总计	**150 345**	**226 885**	**2 176**	**7 614**	**148 169**	**219 271**
北　　京	212	212			212	212
天　　津	1 146	398			1 146	398
河　　北	1 610	951			1 610	951
山　　西						
内　蒙　古	136	111			136	111
辽　　宁	2 096	3 107	290	652	1 806	2 455
吉　　林	1 547	1 415			1 547	1 415
黑　龙　江	679	483			679	483
上　　海	15	2 177	1	1 458	14	719
江　　苏	55 966	124 376	93	251	55 873	124 125
浙　　江	9 259	28 028	3	3	9 256	28 025
安　　徽	8 630	18 203			8 630	18 203
福　　建	1 336	1 156	1 276	1 108	60	48
江　　西	11 690	6 651			11 690	6 651
山　　东	26 058	14 930	1	578	26 057	14 352
河　　南	3 554	2 965			3 554	2 965
湖　　北	16 415	4 156			16 415	4 156
湖　　南	6 371	3 852			6 371	3 852
广　　东	984	8 462	476	3 448	508	5 014
广　　西	239	75			239	75
海　　南	36	116	36	116		
重　　庆	171	2 853			171	2 853
四　　川	117	163			117	163
贵　　州	1	76			1	76
云　　南	1 609	883			1 609	883
西　　藏						
陕　　西	311	957			311	957
甘　　肃	29	29			29	29
青　　海						
宁　　夏	125	95			125	95
新　　疆	3	5			3	5

各地区渔业基础设施情况

单位：个

地　　区	国家级水产原良种场	渔港合计	沿海中心渔港	沿海一级渔港	沿海二级渔港	沿海三级渔港	未评级渔港
全国总计	105	1 016	75	91	214	367	269
北　　京	3						
天　　津	2	5	1				4
河　　北	6	27	4	4	8	2	9
山　　西	1						
内　蒙　古	1						
辽　　宁	1	86	1	7	15	21	42
吉　　林	1						
黑　龙　江	1						
上　　海	1	1		1			
江　　苏	9	20	6	4	5		5
浙　　江	6	126	10	12	28	30	46
安　　徽	4						
福　　建	3	247	11	15	61	160	
江　　西	4						
山　　东	18	150	10	17	9	58	56
河　　南	1						
湖　　北	12						
湖　　南	4						
广　　东	6	104	10	9	32	42	11
广　　西	2	12	4	4		3	1
海　　南	4	53	7	7	14	12	13
重　　庆	1						
四　　川	2						
贵　　州							
云　　南	1						
西　　藏							
陕　　西	1						
甘　　肃	1	1					
青　　海	1						
宁　　夏							
新　　疆							
大　　连	5	66	5	5	34	22	
青　　岛	1	58	2	2		4	50
宁　　波	2	54	3	3	7	12	29
厦　　门		3	1				2
深　　圳		4		1	1	1	1

3-4 渔业人口

全国渔业人口与从业人员

指 标	计量单位	2024 年	2023 年	2024 年比2023 年增减（±）	其中：海洋渔业		
					2024 年	2023 年	2024 年比2023 年增减（±）
1. 渔业乡	个	698	708	−10	369	379	−10
2. 渔业村	个	7 085	7 121	−36	3 161	3 189	−28
3. 渔业户	户	4 060 995	4 085 684	−24 689	1 225 494	1 277 567	−52 073
4. 渔业人口	人	15 824 712	15 985 678	−160 966	4 985 475	5 031 389	−45 914
其中：传统渔民	人	4 880 777	5 062 745	−181 968	2 637 904	2 700 076	−62 172
5. 渔业从业人员	人	11 741 719	11 762 334	−20 615	3 347 294	3 330 004	17 290
(1)专业从业人员	人	6 319 536	6 340 298	−20 762	2 028 082	2 026 509	1 573
其中：女性	人	1 189 399	1 233 701	−44 302	304 485	321 733	−17 248
其中：捕捞	人	1 118 343	1 149 489	−31 146	850 540	846 494	4 046
养殖	人	4 441 494	4 442 159	−665	835 750	835 231	519
其他	人	759 699	748 650	11 049	341 792	344 784	−2 992
(2)兼业从业人员	人	3 930 843	3 961 105	−30 262	758 505	749 028	9 477
(3)临时从业人员	人	1 491 340	1 460 931	30 409	560 707	554 467	6 240

各地区渔业人口与从业人员（一）

地　　区	1. 渔业乡（个）	2. 渔业村（个）	3. 渔业户（户）	4. 渔业人口（人）		5. 渔业从业人员（人）
				小　计	其中：传统渔民	
全国总计	698	7 085	4 060 995	15 824 712	4 880 777	11 741 719
北　京	9	32	1 448	3 210	475	4 066
天　津		2	6 294	21 900	4 100	14 443
河　北	20	135	50 343	209 029	137 159	171 274
山　西			779	2 866		3 354
内　蒙　古	4	31	5 606	28 851	3 177	22 156
辽　宁	132	635	136 263	531 641	284 021	451 828
吉　林	1	4	27 108	86 908	919	79 544
黑　龙　江	6	29	42 708	149 068	112 239	108 898
上　海		13	2 646	7 421	2 956	7 337
江　苏	29	444	246 125	1 021 923	264 179	886 339
浙　江	87	611	274 991	900 458	364 192	609 868
安　徽	8	77	141 381	546 302	149 115	529 233
福　建	53	540	391 092	1 584 488	817 842	887 275
江　西	4	74	176 672	852 841	161 590	709 313
山　东	88	1 062	392 335	1 435 826	491 760	1 049 140
河　南	24	362	108 971	434 308	21 915	340 679
湖　北	72	1 055	435 062	1 366 730	468 133	1 090 269
湖　南	5	235	243 675	1 061 486	105 031	949 500
广　东	87	1 100	503 067	2 153 711	876 428	1 247 969
广　西	14	181	223 446	992 606	298 890	802 486
海　南	25	278	72 914	332 829	132 794	210 818
重　庆		5	87 010	339 953	288	303 307
四　川	25	141	390 458	1 313 964	121 028	919 823
贵　州			25 213	133 342		75 052
云　南		5	51 033	222 312	53 367	179 036
西　藏						1 761
陕　西	1	27	18 276	63 034	7 095	59 073
甘　肃			1 901	8 541	375	7 139
青　海	4	7	491	3 683		2 991
宁　夏			1 338	6 914		8 377
新　疆			2 349	8 567	1 709	9 371

各地区渔业人口与从业人员（二）

单位：人

地　区	5. 渔业从业人员（续）					(2) 兼业 从业人员	(3) 临时 从业人员
	(1) 专业从业人员						
	合　计	其中：女性	a. 捕捞	b. 养殖	c. 其他		
全国总计	6 319 536	1 189 399	1 118 343	4 441 494	759 699	3 930 843	1 491 340
北　京	3 021	843	564	1 899	558	882	163
天　津	9 565	374	1 749	7 621	195	4 098	780
河　北	83 382	17 853	29 459	40 051	13 872	30 532	57 360
山　西	2 148	538	201	1 838	109	610	596
内 蒙 古	11 881	2 466	2 425	7 206	2 250	7 974	2 301
辽　宁	281 080	36 823	99 553	150 034	31 493	102 461	68 287
吉　林	20 100	2 419	3 927	14 398	1 775	52 401	7 043
黑 龙 江	72 208	21 230	17 095	46 901	8 212	29 727	6 963
上　海	6 925	770	2 438	4 109	378	190	222
江　苏	501 840	112 420	87 458	377 479	36 903	267 955	116 544
浙　江	370 210	65 679	129 816	152 213	88 181	143 152	96 506
安　徽	266 959	58 579	23 114	217 162	26 683	187 141	75 133
福　建	540 388	85 749	168 771	300 249	71 368	262 937	83 950
江　西	324 489	47 465	4 183	264 790	55 516	293 954	90 870
山　东	531 638	110 988	110 988	278 376	142 274	221 629	295 873
河　南	141 575	35 537	13 605	110 243	17 727	168 279	30 825
湖　北	705 981	185 328	6 179	652 422	47 380	260 387	123 901
湖　南	448 833	77 422		413 126	35 707	413 653	87 014
广　东	829 259	140 894	231 159	526 005	72 095	345 537	73 173
广　西	398 748	49 909	62 093	298 340	38 315	315 146	88 592
海　南	173 742	24 707	104 953	55 400	13 389	25 675	11 401
重　庆	140 469	40 297		128 565	11 904	114 881	47 957
四　川	315 230	49 357		284 011	31 219	534 389	70 204
贵　州	21 358	2 457	1 687	16 807	2 864	37 784	15 910
云　南	67 349	13 652	12 091	51 974	3 284	83 471	28 216
西　藏	1 761	4	1 730	31			
陕　西	33 841	3 535		29 272	4 569	18 482	6 750
甘　肃	2 848	325		2 577	271	3 011	1 280
青　海	2 279		1 885	369	25	672	40
宁　夏	4 682	752	299	3 940	443	2 410	1 285
新　疆	5 747	1 027	921	4 086	740	1 423	2 201

各地区海洋渔业人口与从业人员（一）

地　　区	1. 渔业乡（个）	2. 渔业村（个）	3. 渔业户（户）	4. 渔业人口（人）		5. 渔业从业人员（人）
				小　计	其中：传统渔民	
全国总计	369	3 161	1 225 494	4 985 475	2 637 904	3 347 294
北　　京						172
天　　津		2	1 466	5 298	1 612	1 756
河　　北	11	69	37 350	144 441	120 600	123 812
山　　西						
内　蒙　古						
辽　　宁	72	327	36 823	347 110	205 549	261 407
吉　　林						
黑　龙　江						
上　　海		7	584	1 908	1 056	2 565
江　　苏	12	92	31 264	203 719	73 696	155 229
浙　　江	74	492	184 778	557 884	280 712	324 414
安　　徽						
福　　建	52	525	327 261	1 317 086	741 727	715 781
江　　西						
山　　东	55	724	270 865	848 431	377 535	863 831
河　　南						
湖　　北						
湖　　南						
广　　东	69	631	211 711	1 000 670	634 715	481 128
广　　西	5	110	64 568	310 155	87 023	264 569
海　　南	19	182	58 824	248 773	113 679	152 630
重　　庆						
四　　川						
贵　　州						
云　　南						
西　　藏						
陕　　西						
甘　　肃						
青　　海						
宁　　夏						
新　　疆						

各地区海洋渔业人口与从业人员（二）

单位：人

地　区	5. 渔业从业人员（续）					(2) 兼业从业人员	(3) 临时从业人员
	(1) 专业从业人员						
	合　计	其中：女性	a. 捕捞	b. 养殖	c. 其他		
全国总计	2 028 082	304 485	850 540	835 750	341 792	758 505	560 707
北　京	172	11	138		34		
天　津	1 574	60	954	490	130	160	22
河　北	59 331	2 950	22 304	24 375	12 652	12 307	52 174
山　西							
内　蒙　古							
辽　宁	160 215	22 194	85 193	57 907	17 115	46 260	54 932
吉　林							
黑　龙　江							
上　海	2 477	57	2 220		257	13	75
江　苏	79 043	21 598	39 765	33 539	5 739	57 468	18 718
浙　江	221 942	29 096	110 295	47 097	64 550	49 496	52 976
安　徽							
福　建	451 702	73 824	157 914	230 154	63 634	190 047	74 032
江　西							
山　东	381 728	71 127	108 485	156 676	116 567	234 482	247 621
河　南							
湖　北							
湖　南							
广　东	358 779	47 733	199 388	121 179	38 212	93 414	28 935
广　西	180 205	14 346	37 449	131 925	10 831	62 153	22 211
海　南	130 914	21 489	86 435	32 408	12 071	12 705	9 011
重　庆							
四　川							
贵　州							
云　南							
西　藏							
陕　西							
甘　肃							
青　海							
宁　夏							
新　疆							

第四部分

加工与贸易

4-1 水产品加工

全国水产加工情况

指　　标	计量单位	2024 年	2023 年	2024 年比 2023 年增减（±）	
				绝对量	幅度（%）
1. 水产加工企业	个	9 581	9 433	148	1.57
水产品加工能力	吨/年	31 138 801	30 158 217	980 584	3.25
其中：规模以上加工企业	个	2 778	2 726	52	1.91
2. 水产冷库	座	9 737	9 143	594	6.50
冻结能力	吨/日	1 045 256	987 670	57 586	5.83
冷藏能力	吨/次	5 367 512	4 996 477	371 035	7.43
制冰能力	吨/日	229 304	215 005	14 299	6.65
3. 水产加工品总量	吨	22 537 560	21 994 645	542 915	2.47
淡水加工产品	吨	4 961 903	4 863 452	98 451	2.02
海水加工产品	吨	17 575 657	17 131 193	444 464	2.59
（1）水产冷冻品	吨	16 063 755	15 535 334	528 421	3.40
其中：冷冻品	吨	8 420 024	8 199 599	220 425	2.69
冷冻加工品	吨	7 643 731	7 335 735	307 996	4.20
（2）鱼糜制品及干腌制品	吨	2 803 918	2 835 498	−31 580	−1.11
其中：鱼糜制品	吨	1 320 839	1 343 706	−22 867	−1.70
干腌制品	吨	1 483 079	1 491 792	−8 713	−0.58
（3）藻类加工品	吨	1 118 059	1 088 258	29 801	2.74
（4）罐制品	吨	356 322	358 828	−2 506	−0.70
（5）水产饲料（鱼粉）	吨	774 879	813 318	−38 439	−4.73
（6）鱼油制品	吨	48 807	54 007	−5 200	−9.63
（7）其他水产加工品	吨	1 371 750	1 309 402	62 348	4.76
其中：助剂和添加剂	吨	28 557	23 466	5 091	21.70
珍珠	千克	17 445	8 095	9 350	115.50
4. 用于加工的水产品总量	吨	26 479 946	26 237 122	242 824	0.93
其中：淡水产品	吨	6 384 269	6 410 183	−25 914	−0.40
海水产品	吨	20 095 677	19 826 939	268 738	1.36
5. 部分水产品年加工量	吨	2 596 448	2 568 682	27 766	1.08
其中：对虾	吨	478 041	458 847	19 194	4.18
克氏原螯虾	吨	1 383 664	1 402 276	−18 612	−1.33
罗非鱼	吨	524 469	512 778	11 691	2.28
鳗鱼	吨	140 739	136 249	4 490	3.30
斑点叉尾鮰	吨	69 535	58 532	11 003	18.80

各地区水产加工品总量

单位：吨

| 地　　区 | 2024 年 | | 2023 年 | | 2024 年比 2023 年增减（±） | | | |
| | | | | | 绝对量 | | 幅度（%） | |
	水产加工品总量	其中:淡水加工产品	水产加工品总量	其中:淡水加工产品	水产加工品总量	其中:淡水加工产品	水产加工品总量	其中:淡水加工产品
全国总计	**22 537 560**	**4 961 903**	**21 994 645**	**4 863 452**	**542 915**	**98 451**	**2.47**	**2.02**
北　　京	248	201	542	251	−294	−50	−54.24	−19.92
天　　津	15 811	6 561	18 950	7 970	−3 139	−1 409	−16.56	−17.68
河　　北	101 251	12 593	103 691	12 183	−2 440	410	−2.35	3.37
山　　西	581	281	623	253	−42	28	−6.74	11.07
内　蒙　古	3 372	3 372	3 469	3 469	−97	−97	−2.80	−2.80
辽　　宁	2 145 475	17 495	2 171 803	18 294	−26 328	−799	−1.21	−4.37
吉　　林	257 126	3 820	260 310	6 639	−3 184	−2 819	−1.22	−42.46
黑　龙　江	17 007	17 007	14 973	14 973	2 034	2 034	13.58	13.58
上　　海	2 551	110	3 595	203	−1 044	−93	−29.04	−45.81
江　　苏	1 426 658	754 855	1 385 169	721 911	41 489	32 944	3.00	4.56
浙　　江	1 970 436	64 593	1 792 353	63 326	178 083	1 267	9.94	2.00
安　　徽	288 759	287 199	260 698	259 123	28 061	28 076	10.76	10.84
福　　建	4 175 177	185 339	4 048 913	172 797	126 264	12 542	3.12	7.26
江　　西	376 405	376 405	410 759	410 759	−34 354	−34 354	−8.36	−8.36
山　　东	6 633 293	122 957	6 486 415	109 397	146 878	13 560	2.26	12.40
河　　南	79 836	79 836	90 640	90 640	−10 804	−10 804	−11.92	−11.92
湖　　北	1 603 110	1 603 110	1 604 420	1 604 420	−1 310	−1 310	−0.08	−0.08
湖　　南	544 754	536 254	510 259	510 259	34 495	25 995	6.76	5.09
广　　东	1 583 278	484 534	1 535 493	450 032	47 785	34 502	3.11	7.67
广　　西	851 328	146 452	808 211	135 347	43 117	11 105	5.33	8.20
海　　南	407 874	206 299	433 086	221 549	−25 212	−15 250	−5.82	−6.88
重　　庆	3 041	2 441	2 323	1 723	718	718	30.91	41.67
四　　川	5 455	5 455	4 102	4 086	1 353	1 369	32.98	33.50
贵　　州	1 571	1 571	2 043	2 043	−472	−472	−23.10	−23.10
云　　南	13 621	13 621	14 471	14 471	−850	−850	−5.87	−5.87
西　　藏	5	5	4	4	1	1	25.00	25.00
陕　　西	4 937	4 937	3 310	3 310	1 627	1 627	49.15	49.15
甘　　肃	446	446	486	486	−40	−40	−8.23	−8.23
青　　海	12 818	12 818	14 392	14 392	−1 574	−1 574	−10.94	−10.94
宁　　夏	2 341	2 341	1 772	1 772	569	569	32.11	32.11
新　　疆	8 995	8 995	7 370	7 370	1 625	1 625	22.05	22.05

各地区水产加工品总量（按品种分）（一）

地　　区	水产加工品总量			1. 水产冷冻品		
		淡水加工品	海水加工品		冷冻品	冷冻加工品
全国总计	22 537 560	4 961 903	17 575 657	16 063 755	8 420 024	7 643 731
北　　京	248	201	47	248		248
天　　津	15 811	6 561	9 250	3 087	126	2 961
河　　北	101 251	12 593	88 658	72 662	42 560	30 102
山　　西	581	281	300	576	246	330
内　蒙　古	3 372	3 372		2 375	2 198	177
辽　　宁	2 145 475	17 495	2 127 980	1 517 518	662 659	854 859
吉　　林	257 126	3 820	253 306	236 527	150 341	86 186
黑　龙　江	17 007	17 007		7 941	7 941	
上　　海	2 551	110	2 441	2 551		2 551
江　　苏	1 426 658	754 855	671 803	638 655	415 443	223 212
浙　　江	1 970 436	64 593	1 905 843	1 519 814	1 160 562	359 252
安　　徽	288 759	287 199	1 560	229 391	100 550	128 841
福　　建	4 175 177	185 339	3 989 838	2 782 550	1 574 579	1 207 971
江　　西	376 405	376 405		155 681	64 785	90 896
山　　东	6 633 293	122 957	6 510 336	5 078 604	2 828 709	2 249 895
河　　南	79 836	79 836		78 471	6 833	71 638
湖　　北	1 603 110	1 603 110		1 206 623	391 778	814 845
湖　　南	544 754	536 254	8 500	360 176	219 396	140 780
广　　东	1 583 278	484 534	1 098 744	1 116 250	447 676	668 574
广　　西	851 328	146 452	704 876	708 729	183 419	525 310
海　　南	407 874	206 299	201 575	312 687	144 099	168 588
重　　庆	3 041	2 441	600	1 192	853	339
四　　川	5 455	5 455		3 311	1 136	2 175
贵　　州	1 571	1 571		496	342	154
云　　南	13 621	13 621		5 688	4 289	1 399
西　　藏	5	5				
陕　　西	4 937	4 937		4 405	1 259	3 146
甘　　肃	446	446		446	97	349
青　　海	12 818	12 818		12 818	5 496	7 322
宁　　夏	2 341	2 341				
新　　疆	8 995	8 995		4 283	2 652	1 631

各地区水产加工品总量（按品种分）（二）

单位：吨

地 区	2. 鱼糜制品及干腌制品			3. 藻类加工品	4. 罐制品	5. 鱼粉
		鱼糜制品	干腌制品			
全国总计	2 803 918	1 320 839	1 483 079	1 118 059	356 322	774 879
北　京						
天　津	12 101	12 101				
河　北	3 820	148	3 672		7 993	16 405
山　西	2		2		3	
内　蒙　古	441		441	513	43	
辽　宁	154 908	41 990	112 918	258 047	17 204	60 845
吉　林	18 224	2 863	15 361		130	
黑　龙　江	4 057	98	3 959		55	
上　海						
江　苏	144 685	25 284	119 401	23 895	20 401	1 608
浙　江	176 345	95 669	80 676	35 384	38 098	179 256
安　徽	51 475	19 592	31 883		6 699	1 194
福　建	634 705	346 770	287 935	347 130	47 610	21 434
江　西	189 328	54 937	134 391	582	13 264	923
山　东	618 991	328 232	290 759	441 038	128 990	248 045
河　南	1 267	222	1 045		83	
湖　北	343 334	194 806	148 528		3 092	47 001
湖　南	137 034	28 698	108 336	2 310	15 943	22 667
广　东	209 559	94 916	114 643	6 515	53 700	88 620
广　西	86 056	67 617	18 439	32	863	
海　南	7 017	3 331	3 686			86 881
重　庆	1 509	535	974		50	
四　川	1 621	358	1 263		427	
贵　州	975	109	866		100	
云　南	6 162	2 511	3 651	792	979	
西　藏					5	
陕　西	92	52	40			
甘　肃						
青　海						
宁　夏				1 821	520	
新　疆	210		210		70	

各地区水产加工品总量（按品种分）（三）

单位：吨

地　　区	6. 鱼油制品	7. 其他水产加工品	其　中	
			助剂和添加剂	珍珠（千克）
全国总计	48 807	1 371 750	28 557	17 445
北　　京				
天　　津		623		
河　　北	26	345		
山　　西				
内　蒙　古				
辽　　宁	3 470	133 483		
吉　　林		2 245		
黑　龙　江		4 954		
上　　海				
江　　苏		597 414	15	13 000
浙　　江	6 356	15 113	4 750	1 160
安　　徽				
福　　建	3 193	338 555	17 047	
江　　西		16 627		100
山　　东	35 686	81 939	6	
河　　南		15	3	
湖　　北		3 060		
湖　　南	13	6 611	947	
广　　东	63	108 571		2 995
广　　西		55 648	4 500	190
海　　南		1 289	1 289	
重　　庆		290		
四　　川		96		
贵　　州				
云　　南				
西　　藏				
陕　　西		440		
甘　　肃				
青　　海				
宁　　夏				
新　　疆		4 432		

各地区用于加工的水产品量

单位：吨

地　　区	用于加工的水产品量	淡水产品	海水产品
全国总计	**26 479 946**	**6 384 269**	**20 095 677**
北　　京	282	235	47
天　　津	6 010	585	5 425
河　　北	178 984	16 444	162 540
山　　西	695	315	380
内　蒙　古	4 478	4 478	
辽　　宁	3 115 401	19 762	3 095 639
吉　　林	282 522	2 501	280 021
黑　龙　江	39 672	39 672	
上　　海	2 890	125	2 765
江　　苏	1 577 698	766 137	811 561
浙　　江	1 760 431	72 486	1 687 945
安　　徽	378 893	377 133	1 760
福　　建	4 842 817	192 080	4 650 737
江　　西	653 123	653 123	
山　　东	7 531 543	93 038	7 438 505
河　　南	144 654	144 654	
湖　　北	2 198 511	2 198 511	
湖　　南	716 307	716 307	
广　　东	1 776 519	634 503	1 142 016
广　　西	800 952	182 042	618 910
海　　南	407 670	211 044	196 626
重　　庆	3 235	2 435	800
四　　川	9 084	9 084	
贵　　州	2 681	2 681	
云　　南	13 991	13 991	
西　　藏			
陕　　西	5 483	5 483	
甘　　肃	340	340	
青　　海	12 818	12 818	
宁　　夏	2 341	2 341	
新　　疆	9 921	9 921	

各地区水产品加工企业、冷库基本情况

地 区	水产品加工企业			水产品冷库			
	小计 （个）	水产品加工 能力 （吨/年）	其中：规模 以上加工 企业（个）	数量 （座）	冻结能力 （吨/日）	冷藏能力 （吨/次）	制冰能力 （吨/日）
全国总计	**9 581**	**31 138 801**	**2 778**	**9 737**	**1 045 256**	**5 367 512**	**229 304**
北　京	2	2 200	1	8	26 000	26 000	
天　津	2	25 750	2	7	110	21 900	30
河　北	222	308 155	38	252	8 394	67 000	5 200
山　西	5	2 025	2	21	190	956	8
内　蒙　古	27	7 840	20	24	462	2 386	284
辽　宁	831	2 769 829	282	585	58 917	365 860	16 155
吉　林	108	310 565	41	53	230 479	231 834	115
黑　龙　江	34	50 505		21	520	925	430
上　海	1	5 000	1	3	150	150	150
江　苏	1 079	2 260 109	311	1 219	43 301	226 206	36 326
浙　江	1 805	2 187 227	282	1 097	47 241	953 130	27 896
安　徽	237	422 021	120	934	24 893	90 590	3 534
福　建	1 230	5 728 560	476	923	148 983	614 155	17 650
江　西	175	299 575	63	284	5 005	30 261	3 461
山　东	1 715	8 452 498	511	1 887	164 625	1 440 913	40 645
河　南	39	150 405	17	96	6 107	46 481	628
湖　北	369	2 878 419	174	596	97 262	316 595	8 578
湖　南	326	877 816	129	584	90 740	224 800	12 983
广　东	988	2 517 520	170	647	35 929	389 450	45 547
广　西	186	1 225 428	66	77	2 382	111 437	3 709
海　南	32	429 140	11	74	6 062	29 843	4 312
重　庆	17	5 607	6	41	37 975	156 016	187
四　川	30	24 932	9	81	2 684	5 902	771
贵　州	25	7 037	3	9	86	139	37
云　南	49	141 408	20	109	2 466	5 911	334
西　藏	1	5					
陕　西	21	6 259	9	58	3 285	3 162	160
甘　肃	7	3 190	2	6	32	215	16
青　海	2	15 600	1				
宁　夏	4	2 390	4	8	6	15	6
新　疆	12	21 786	7	33	970	5 280	152

4-2　水产品贸易

各地区水产品进出口贸易情况

单位：万美元、吨

地　　区	2024 年进出口		2023 年进出口		2024 年比 2023 年增减（±）			
					绝对量		幅度（%）	
	金额	数量	金额	数量	金额	数量	金额	数量
全 国 总 计	4 383 637.52	11 172 040	4 423 683.54	10 560 485	−40 046.02	611 555	−0.91	5.79
北　　京	141 950.01	504 679	156 828.90	500 704	−14 878.89	3 975	−9.49	0.79
天　　津	77 974.19	227 756	95 600.53	246 314	−17 626.33	−18 558	−18.44	−7.53
河　　北	51 741.85	111 090	40 791.21	79 031	10 950.64	32 059	26.85	40.56
山　　西	77.16	40	295.92	519	−218.76	−479	−73.93	−92.29
内 蒙 古	98.17	428	190.11	626	−91.94	−199	−48.36	−31.72
辽　　宁	392 087.73	1 637 047	409 663.92	1 639 898	−17 576.18	−2 851	−4.29	−0.17
吉　　林	70 801.31	94 702	73 793.85	124 974	−2 992.54	−30 272	−4.06	−24.22
黑 龙 江	6 822.04	6 052	4 624.55	9 835	2 197.49	−3 784	47.52	−38.47
上　　海	300 390.76	280 103	314 652.06	285 833	−14 261.30	−5 731	−4.53	−2.00
江　　苏	103 128.82	176 004	84 942.86	146 490	18 185.96	29 514	21.41	20.15
浙　　江	463 217.82	1 211 986	427 022.75	985 610	36 195.07	226 376	8.48	22.97
安　　徽	13 901.50	34 190	14 293.02	48 751	−391.53	−14 561	−2.74	−29.87
福　　建	969 526.15	2 353 698	1 037 090.46	2 210 162	−67 564.31	143 535	−6.51	6.49
江　　西	20 717.60	11 940	20 161.82	9 559	555.78	2 381	2.76	24.90
山　　东	872 490.40	2 375 694	888 566.84	2 392 313	−16 076.44	−16 619	−1.81	−0.69
河　　南	8 573.78	19 255	7 516.54	16 345	1 057.24	2 910	14.07	17.81
湖　　北	22 600.48	39 391	15 138.45	31 771	7 462.02	7 621	49.29	23.99
湖　　南	40 555.30	67 139	58 621.69	91 535	−18 066.39	−24 396	−30.82	−26.65
广　　东	533 392.86	1 192 366	595 509.52	1 228 908	−62 116.66	−36 542	−10.43	−2.97
广　　西	73 060.97	178 743	45 048.98	131 365	28 011.99	47 378	62.18	36.07
海　　南	61 732.47	193 581	49 479.57	173 692	12 252.90	19 888	24.76	11.45
重　　庆	11 341.42	19 201	14 789.22	24 370	−3 447.80	−5 169	−23.31	−21.21
四　　川	97 746.14	222 166	30 043.39	60 293	67 702.74	161 874	225.35	268.48
贵　　州	6 563.35	14 796	7 178.21	14 283	−614.85	513	−8.57	3.59
云　　南	9 492.30	25 571	18 446.38	49 346	−8 954.07	−23 775	−48.54	−48.18
西　　藏								
陕　　西	7 335.23	9 993	2 257.77	3 552	5 077.46	6 441	224.89	181.31
甘　　肃	108.45	266	319.98	642	−211.53	−376	−66.11	−58.61
青　　海	6 162.08	12 811	858.87	2 445	5 303.21	10 366	617.46	424.00
宁　　夏	578.04	5 150	303.38	1 064	274.66	4 086	90.53	383.88
新　　疆	19 469.15	146 201	9 652.79	50 253	9 816.36	95 948	101.69	190.93

各地区水产品出口贸易情况

单位：万美元、吨

地　　区	2024 年出口		2023 年出口		2024 年比 2023 年增减（±）			
					绝对量		幅度（%）	
	金额	数量	金额	数量	金额	数量	金额	数量
全国总计	2 073 962.36	4 239 646	2 046 298.90	3 798 232	27 663.46	441 414	1.35	11.62
北　　京	1 944.65	2 084	2 110.28	2 409	−165.63	−325	−7.85	−13.48
天　　津	3 085.23	5 957	3 202.07	6 497	−116.84	−539	−3.65	−8.30
河　　北	18 990.90	29 163	23 047.91	29 858	−4 057.01	−696	−17.60	−2.33
山　　西	44.79	13	0.06	1	44.73	12	69 564.23	1 594.63
内　蒙　古	36.78	50	88.00	107	−51.22	−56	−58.20	−52.80
辽　　宁	236 638.99	698 220	223 468.71	572 878	13 170.28	125 342	5.89	21.88
吉　　林	12 247.16	29 157	15 156.66	33 871	−2 909.50	−4 714	−19.20	−13.92
黑　龙　江	304.65	303	256.00	201	48.65	102	19.01	50.60
上　　海	20 413.19	13 492	14 445.01	10 316	5 968.18	3 176	41.32	30.79
江　　苏	46 945.58	50 091	38 812.51	43 527	8 133.07	6 564	20.95	15.08
浙　　江	221 558.76	601 589	193 617.70	487 218	27 941.06	114 371	14.43	23.47
安　　徽	6 632.51	7 900	6 043.16	5 513	589.35	2 386	9.75	43.28
福　　建	674 602.49	1 067 588	740 966.68	1 028 321	−66 364.19	39 267	−8.96	3.82
江　　西	7 016.02	5 594	5 433.96	3 797	1 582.06	1 797	29.11	47.33
山　　东	472 956.11	1 015 378	453 143.59	901 995	19 812.52	113 383	4.37	12.57
河　　南	395.84	981	128.25	448	267.59	533	208.65	118.86
湖　　北	4 401.33	6 083	3 997.74	4 712	403.59	1 371	10.10	29.09
湖　　南	3 789.84	2 929	2 276.99	1 495	1 512.85	1 434	66.44	95.94
广　　东	233 814.43	451 690	240 482.87	458 491	−6 668.44	−6 801	−2.77	−1.48
广　　西	22 001.48	49 310	18 089.17	34 787	3 912.30	14 524	21.63	41.75
海　　南	58 681.81	185 714	45 169.24	163 528	13 512.57	22 186	29.92	13.57
重　　庆	40.66	108	52.85	106	−12.18	2	−23.05	2.19
四　　川	19 759.81	7 306	12 567.84	3 998	7 191.97	3 309	57.23	82.76
贵　　州	1 524.21	2 161	1 552.64	1 799	−28.42	363	−1.83	20.16
云　　南	851.65	756	1 073.46	892	−221.81	−136	−20.66	−15.27
西　　藏								
陕　　西	289.94	461	354.82	645	−64.88	−185	−18.28	−28.62
甘　　肃	1.29	2	1.29	3	0.01	−1	0.42	−18.96
青　　海	4 470.92	5 137	420.72	444	4 050.20	4 693	962.68	1 057.32
宁　　夏	234.10	98	135.68	39	98.42	59	72.54	150.66
新　　疆	287.22	329	203.05	337	84.17	−8	41.45	−2.37

各地区水产品进口贸易情况

单位：万美元、吨

地 区	2024 年进口		2023 年进口		2024 年比 2023 年增减（±）			
					绝对量		幅度（%）	
	金额	数量	金额	数量	金额	数量	金额	数量
全国总计	2 309 675.16	6 932 393	2 377 384.64	6 762 253	−67 709.48	170 140	−2.85	2.52
北 京	140 005.36	502 595	154 718.62	498 295	−14 713.26	4 300	−9.51	0.86
天 津	74 888.96	221 798	92 398.46	239 817	−17 509.50	−18 019	−18.95	−7.51
河 北	32 750.96	81 928	17 743.30	49 173	15 007.66	32 755	84.58	66.61
山 西	32.37	27	295.86	518	−263.49	−491	−89.06	−94.71
内 蒙 古	61.39	377	102.11	520	−40.72	−142	−39.88	−27.40
辽 宁	155 448.74	938 827	186 195.21	1 067 021	−30 746.47	−128 194	−16.51	−12.01
吉 林	58 554.15	65 545	58 637.19	91 103	−83.04	−25 558	−0.14	−28.05
黑 龙 江	6 517.39	5 748	4 368.55	9 634	2 148.84	−3 886	49.19	−40.33
上 海	279 977.57	266 610	300 207.04	275 517	−20 229.48	−8 907	−6.74	−3.23
江 苏	56 183.24	125 913	46 130.35	102 963	10 052.89	22 951	21.79	22.29
浙 江	241 659.06	610 397	233 405.04	498 392	8 254.01	112 005	3.54	22.47
安 徽	7 268.99	26 290	8 249.87	43 238	−980.88	−16 948	−11.89	−39.20
福 建	294 923.65	1 286 109	296 123.78	1 181 841	−1 200.12	104 268	−0.41	8.82
江 西	13 701.58	6 345	14 727.86	5 762	−1 026.28	583	−6.97	10.13
山 东	399 534.29	1 360 316	435 423.25	1 490 318	−35 888.96	−130 002	−8.24	−8.72
河 南	8 177.94	18 274	7 388.29	15 897	789.64	2 377	10.69	14.96
湖 北	18 199.14	33 309	11 140.71	27 059	7 058.43	6 250	63.36	23.10
湖 南	36 765.46	64 210	56 344.70	90 040	−19 579.23	−25 831	−34.75	−28.69
广 东	299 578.43	740 676	355 026.66	770 417	−55 448.22	−29 741	−15.62	−3.86
广 西	51 059.50	129 433	26 959.81	96 578	24 099.69	32 854	89.39	34.02
海 南	3 050.67	7 866	4 310.33	10 165	−1 259.67	−2 298	−29.22	−22.61
重 庆	11 300.75	19 093	14 736.37	24 264	−3 435.62	−5 171	−23.31	−21.31
四 川	77 986.32	214 860	17 475.55	56 295	60 510.78	158 565	346.26	281.67
贵 州	5 039.14	12 635	5 625.57	12 485	−586.43	150	−10.42	1.20
云 南	8 640.65	24 815	17 372.91	48 455	−8 732.26	−23 639	−50.26	−48.79
西 藏								
陕 西	7 045.29	9 533	1 902.96	2 907	5 142.33	6 626	270.23	227.91
甘 肃	107.16	263	318.69	639	−211.54	−376	−66.38	−58.79
青 海	1 691.15	7 674	438.15	2 001	1 253.01	5 673	285.98	283.51
宁 夏	343.93	5 052	167.70	1 025	176.24	4 027	105.09	392.76
新 疆	19 181.94	145 872	9 449.74	49 916	9 732.19	95 956	102.99	192.24

第五部分

渔政管理

各地区渔政管理机构情况（按机构性质分）

单位：个

地　　区	合　　计	直接隶属政府的独立设置机构	渔业行政主管部门的下属独立法人单位	渔业行政主管部门的内设处（科、股）	非渔业行政主管部门的下属独立法人单位	非渔业行政主管部门的内设处（科、股）
合　　计	2 577	117	2 189	248	13	10
北　　京	16	2	14			
天　　津	11		11			
河　　北	115	8	91	16		
山　　西	88	2	85	1		
内　蒙　古	99		91	8		
辽　　宁	66	1	55	10		
吉　　林	60		55	5		
黑　龙　江	96	1	92	3		
上　　海	10		10			
江　　苏	105	3	101		1	
浙　　江	97	9	85	2		1
安　　徽	100	2	94	3		1
福　　建	83	15	66	2		
江　　西	96		95	1		
山　　东	137	6	105	22		4
河　　南	141		138	3		
湖　　北	99	2	85	4	6	2
湖　　南	98	1	94	3		
广　　东	106	1	37	68		
广　　西	107	3	96	7	1	
海　　南	20	11	8		1	
重　　庆	42	2	39			1
四　　川	184	10	142	32		
贵　　州	90	1	88	1		
云　　南	116	7	105	4		
西　　藏	8		2	6		
陕　　西	112	1	105	6		
甘　　肃	92		79	13		
青　　海	47	28	13	4	1	1
宁　　夏	20		18	2		
新　　疆	100		83	17		
新疆兵团	16	1	7	5	3	

各地区渔政管理机构情况（按执法业务类型分）

单位：个

地 区	合 计	独立设置的渔政执法机构	农业综合执法队伍	行政主管部门内设执法处（科、股）	整合入其他综合执法的渔政机构	
					海洋与渔业整合设置的执法队伍	其他情况
合 计	2 577	107	1 988	247	110	125
北 京	16		14			2
天 津	11		11			
河 北	115	4	87	12	4	8
山 西	88		84	1		3
内 蒙 古	99		94	5		
辽 宁	66	3	41	9	12	1
吉 林	60	7	48	5		
黑 龙 江	96	4	88	3		1
上 海	10		10			
江 苏	105	14	84		3	4
浙 江	97	1	61	2	23	10
安 徽	100	10	82	3		5
福 建	83		56	2	10	15
江 西	96	4	91	1		
山 东	137	1	90	26	13	7
河 南	141	1	136	4		
湖 北	99	35	49	4		11
湖 南	98		94	3		1
广 东	106	1	5	70	28	2
广 西	107		95	4	5	3
海 南	20		6		12	2
重 庆	42		39	1		2
四 川	184	2	139	31		12
贵 州	90		89			1
云 南	116	8	97	8		3
西 藏	8		2	6		
陕 西	112	1	103	8		
甘 肃	92	5	74	13		
青 海	47		15	7		25
宁 夏	20	5	13	2		
新 疆	100		88	12		
新 疆 兵 团	16	1	3	5		7

各地区渔政管理人员情况

单位：人

地　　区	执法人员总数	持行政执法证工作人数	未取得行政执法证工作人数
合　　计	39 551	34 056	5 495
北　　京	1 145	1 071	74
天　　津	108	107	1
河　　北	1 656	1 199	457
山　　西	1 143	827	316
内　蒙　古	2 285	2 134	151
辽　　宁	1 862	1 536	326
吉　　林	454	417	37
黑　龙　江	1 149	1 017	132
上　　海	230	230	0
江　　苏	2 208	2 089	119
浙　　江	2 294	2 148	146
安　　徽	1 796	1 663	133
福　　建	1 438	1 199	239
江　　西	1 913	1 452	461
山　　东	2 818	2 460	358
河　　南	2 869	2 437	432
湖　　北	1 703	1 573	130
湖　　南	1 389	1 208	181
广　　东	1 724	1 467	257
广　　西	1 148	968	180
海　　南	380	331	49
重　　庆	636	601	35
四　　川	1 653	1 366	287
贵　　州	946	772	174
云　　南	903	722	181
西　　藏	202	152	50
陕　　西	910	839	71
甘　　肃	1 138	999	139
青　　海	584	341	243
宁　　夏	246	206	40
新　　疆	334	295	39
新疆兵团	287	230	57

第六部分

技术推广

各地区水产技术推广机构情况（按层级分）

单位：个

地　　区	总数	专业站	综合站	省级站 专业站	省级站 综合站	市级站 专业站	市级站 综合站	县级站 专业站	县级站 综合站	区域站 专业站	区域站 综合站	乡镇站 专业站	乡镇站 综合站
全国总计	10 838	1 082	9 756	31	5	150	131	835	1 204	13	30	53	8 386
北　京	14	2	12	1				1	12				
天　津	11	9	2	1				8	2				
河　北	172	59	113	1		11		43	102	4	8		3
山　西	73	11	62	1		4	6	6	56				
内　蒙　古	98	10	88		1	3	9	7	78				
辽　宁	7	5	2		1			5	1				
吉　林	368	38	330	1		8	1	29	21				308
黑　龙　江	186	31	155	1		1	9	29	35				111
上　海	95	7	88	1				6	3				85
江　苏	866	56	810	1		9	4	46	36		8		762
浙　江	367	40	327	1		7	3	29	48	3			276
安　徽	692	72	620	1		11	5	50	36			10	579
福　建	648	67	581	1		7	2	59	12		2		565
江　西	564	57	507		1	6	5	48	49	3			452
山　东	835	36	799	1		5	10	30	101				688
河　南	137	38	99	1		3	15	33	80	1			4
湖　北	495	61	434	1		6	4	26	35			28	395
湖　南	1 133	61	1 072		1	6	9	40	80		12	15	970
广　东	269	26	243		1	7	12	17	60	2			170
广　西	864	55	809	1		8	6	46	47				756
海　南	21	4	17	1		2		1	9				8
重　庆	776	23	753	1				22	16				737
四　川	906	73	833	1		10	6	62	64				763
贵　州	747	51	696	1		6	3	44	42				651
云　南	162	79	83	1		12	3	66	54				26
陕　西	108	58	50	1		8		49	47				
甘　肃	78	20	58	1		6	8	13	44				6
青　海	13	5	8	1			1	4	7				
宁　夏	36	2	34	1		1	4		17				13
新　疆	13	7	6	1		3	3	3	3				
大　连	7	6	1	1				5	1				
青　岛	45	5	40	1				4	3				37
宁　波	29	5	24	1				4	3				21
厦　门	1	1		1									
深　圳	1	1		1									
新疆兵团	1	1		1									

各地区水产技术推广机构情况（按机构性质分）（一）

单位：个

地　　区	行政单位					
	合　计	省级站	市级站	县级站	区域站	乡镇站
全国总计	**102**		**6**	**67**		**29**
北　　京	1			1		
天　　津						
河　　北	8			8		
山　　西						
内　蒙　古	1			1		
辽　　宁						
吉　　林						
黑　龙　江	12		1	11		
上　　海						
江　　苏	12			2		10
浙　　江	11			5		6
安　　徽	5			5		
福　　建						
江　　西						
山　　东	2			2		
河　　南	11			11		
湖　　北	2			1		1
湖　　南	12		1	1		10
广　　东	3			3		
广　　西						
海　　南	1			1		
重　　庆	2			2		
四　　川	12		3	9		
贵　　州						
云　　南	4			4		
陕　　西						
甘　　肃						
青　　海						
宁　　夏						
新　　疆	1		1			
大　　连						
青　　岛	2					2
宁　　波						
厦　　门						
深　　圳						
新疆兵团						

各地区水产技术推广机构情况（按机构性质分）（二）

单位：个

地　区	总　计	事业单位						
		全额拨款						
		合　计	省级站	市级站	县级站	区域站	乡镇站
全国总计	10 736	10 253	36	264	1 911	43	7 999
北　京	13	13	1		12		
天　津	11	11	1		10		
河　北	164	144	1	10	118	12	3
山　西	73	71	1	8	62		
内　蒙　古	97	96	1	12	83		
辽　宁	7	7	1		6		
吉　林	368	368	1	9	50		308
黑　龙　江	174	174	1	9	53		111
上　海	95	95	1		9		85
江　苏	854	821	1	13	73	8	726
浙　江	356	355	1	10	72	3	269
安　徽	687	669	1	16	79		573
福　建	648	646	1	9	70	2	564
江　西	564	520	1	11	96	3	409
山　东	833	816	1	14	127		674
河　南	126	111	1	17	88	1	4
湖　北	493	226	1	10	55		160
湖　南	1 121	1 074	1	12	113	12	936
广　东	266	256	1	17	73	2	163
广　西	864	864	1	14	93		756
海　南	20	20	1	2	9		8
重　庆	774	773	1		35		737
四　川	894	894	1	13	117		763
贵　州	747	747	1	9	86		651
云　南	158	158	1	15	116		26
陕　西	108	106	1	10	95		
甘　肃	78	77	1	13	57		6
青　海	13	13	1	1	11		
宁　夏	36	36	1	5	17		13
新　疆	12	12	1	5	6		
大　连	7	7	1		6		
青　岛	43	41	1		7		33
宁　波	29	29	1		7		21
厦　门	1	1	1				
深　圳	1	1	1				
新疆兵团	1	1	1				

各地区水产技术推广机构情况（按机构性质分）（三）

单位：个

地　　区	事业单位（续）										
	差额拨款					自收自支					
	合计	省级站	市级站	县级站	区域站	乡镇站	合计	省级站	市级站	县级站	区域站	乡镇站
全国总计	313		10	47		256	170		1	14		155
北　　京												
天　　津												
河　　北	18		1	17			2			2		
山　　西	1		1				1		1			
内 蒙 古	1			1								
辽　　宁												
吉　　林												
黑 龙 江												
上　　海												
江　　苏	24			4		20	9			3		6
浙　　江	1					1						
安　　徽	2			2			16					16
福　　建	1			1			1					1
江　　西	44			1		43						
山　　东	15		1	2		12	2					2
河　　南	8		1	7			7			7		
湖　　北	142			5		137	125					125
湖　　南	41		2	4		35	6			2		4
广　　东	10		2	1		7						
广　　西												
海　　南												
重　　庆	1			1								
四　　川												
贵　　州												
云　　南												
陕　　西	2		1	1								
甘　　肃	1		1									
青　　海												
宁　　夏												
新　　疆												
大 连												
青　　岛	1					1	1					1
宁　　波												
厦　　门												
深　　圳												
新疆兵团												

各地区水产技术推广机构经费情况（一）

单位：万元

地　　区	总　计	人员经费					
		合　计	省级站	市级站	县级站	区域站	乡镇站
全国总计	459 449.01	297 023.34	35 459.18	52 248.75	118 248.09	1 108.97	89 958.35
北　京	6 487.11	5 137.50	1 952.47		3 185.03		
天　津	6 907.80	4 261.10	2 932.63		1 328.47		
河　北	8 566.64	6 775.37	737.89	2 286.93	3 597.55	123.00	30.00
山　西	3 137.15	1 835.53	644.15	469.36	722.02		
内　蒙　古	9 128.76	5 422.49		2 227.23	3 195.26		
辽　宁	1 851.28	1 596.75	596.34		1 000.41		
吉　林	8 601.62	7 327.17	572.05	1 622.07	2 271.99		2 861.06
黑　龙　江	6 258.01	4 933.70	465.49	346.20	3 489.27		632.74
上　海	15 806.98	11 724.84	5 594.48		4 352.42		1 777.94
江　苏	40 238.88	29 355.03	1 462.14	4 636.42	10 393.02	152.00	12 711.45
浙　江	27 403.20	14 252.68	1 000.68	2 816.61	5 395.83	50.00	4 989.56
安　徽	19 012.57	12 463.79	449.00	2 068.19	4 737.48	337.17	4 871.95
福　建	15 532.65	10 886.76	675.45	2 445.36	3 815.62	21.90	3 928.43
江　西	6 493.16	4 785.66	159.50	388.20	1 966.56	20.00	2 251.40
山　东	36 991.79	24 738.49	1 672.32	5 550.24	9 880.12		7 635.81
河　南	8 884.01	5 938.96	538.81	2 536.87	2 843.28		20.00
湖　北	25 373.93	14 048.32	414.00	3 786.51	4 843.29		5 004.52
湖　南	20 290.82	14 621.14	328.60	1 714.44	2 975.14	305.00	9 297.96
广　东	27 306.22	16 708.76	953.37	5 972.37	4 554.16	99.90	5 128.96
广　西	17 840.31	14 770.26	350.24	1 694.24	3 494.04		9 231.74
海　南	2 064.14	1 055.18	433.93	136.14	405.11		80.00
重　庆	25 498.28	11 382.25	1 084.29		3 613.67		6 684.29
四　川	24 850.40	15 517.63	166.08	1 752.24	7 304.87		6 294.44
贵　州	15 491.22	8 655.09	216.01	653.22	2 584.92		5 200.94
云　南	23 547.62	12 783.62	453.64	3 083.03	9 043.83		203.12
陕　西	18 615.36	13 379.40	2 080.56	2 662.88	8 635.96		
甘　肃	7 490.22	6 206.41	843.97	1 930.58	3 423.36		8.50
青　海	3 698.02	1 367.62	580.27	36.00	751.35		
宁　夏	4 105.36	2 089.37	583.50	617.20	787.91		100.76
新　疆	3 416.79	2 282.89	1 229.89	816.22	236.78		
大　连	2 861.99	2 525.67	1 525.26		1 000.41		
青　岛	2 046.04	1 424.00	110.56		608.66		704.78
宁　波	5 441.30	3 534.30	1 416.00		1 810.30		308.00
厦　门	3 957.00	1 631.00	1 631.00				
深　圳	3 449.70	1 341.38	1 341.38				
新疆兵团	802.68	263.23	263.23				

各地区水产技术推广机构经费情况（二）

单位：万元

地　　区	公共经费					
	合　　计	省级站	市级站	县级站	区域站	乡镇站
全国总计	**24 903.88**	**4 141.86**	**4 485.69**	**8 780.04**	**114.27**	**7 382.03**
北　　京	305.30	155.67		149.63		
天　　津	503.39	437.46		65.93		
河　　北	424.68	62.42	167.89	193.37	1.00	
山　　西	109.43	61.19	16.01	32.23		
内　蒙　古	265.23		124.99	140.24		
辽　　宁	128.63	63.25		65.38		
吉　　林	396.83	84.35	107.45	136.34		68.69
黑　龙　江	242.76	37.51	9.92	176.53		18.80
上　　海	1 397.74	825.82		407.83		164.09
江　　苏	2 671.44	91.03	790.33	887.18	8.55	894.35
浙　　江	1 392.71	10.32	380.75	689.38		312.26
安　　徽	1 070.62	59.00	186.38	445.59	71.20	308.45
福　　建	606.42	93.77	167.91	195.32	0.72	148.70
江　　西	614.50	6.60	49.40	278.20		280.30
山　　东	1 173.93	125.58	422.40	433.29		192.66
河　　南	484.00	43.03	132.75	308.22		
湖　　北	1 018.83	43.00	258.65	396.11		321.07
湖　　南	2 040.48	81.31	259.86	472.81	28.00	1 198.50
广　　东	1 988.03	496.40	524.33	298.98	4.80	663.52
广　　西	906.75	25.66	128.35	221.80		530.94
海　　南	102.02	52.55	13.64	35.83		
重　　庆	2 008.30	87.76		553.66		1 366.88
四　　川	1 505.36	37.15	198.60	809.82		459.79
贵　　州	602.06	7.72	43.29	178.81		372.24
云　　南	555.93	28.66	189.07	337.20		1.00
陕　　西	694.62	206.52	163.82	324.28		
甘　　肃	425.71	83.61	85.89	256.21		
青　　海	65.40	32.54	1.00	31.86		
宁　　夏	89.46	37.38	28.53	20.15		3.40
新　　疆	129.22	90.49	34.48	4.25		
大　　连	175.46	110.08		65.38		
青　　岛	66.12	5.00		38.43		22.69
宁　　波	503.50	320.00		129.80		53.70
厦　　门	125.00	125.00				
深　　圳	80.81	80.81				
新疆兵团	33.22	33.22				

各地区水产技术推广机构经费情况（三）

单位：万元

地　区	项目经费					
	合　计	省级站	市级站	县级站	区域站	乡镇站
全国总计	137 521.78	33 687.68	17 123.04	82 251.34	5.00	4 454.72
北　京	1 044.31	840.40		203.91		
天　津	2 143.31	1 789.68		353.63		
河　北	1 366.59	1 055.44	211.88	99.27		
山　西	1 192.19	648.59	20.00	523.60		
内　蒙　古	3 441.04	126.00	1 100.64	2 214.40		
辽　宁	125.90	54.00		71.90		
吉　林	877.62	184.16	64.00	629.46		
黑　龙　江	1 081.55	649.25	45.00	387.30		
上　海	2 684.40	739.45		1 927.52		17.43
江　苏	8 212.41	242.00	2 035.99	5 368.87		565.55
浙　江	11 757.81	2 870.48	1 419.69	5 916.89		1 550.75
安　徽	5 478.15	290.00	346.12	4 821.53	5.00	15.50
福　建	4 039.47	1 067.80	1 399.63	1 508.74		63.30
江　西	1 093.00	325.00	268.50	499.50		
山　东	11 079.37	1 144.62	1 089.79	8 834.11		10.85
河　南	2 461.05	230.21	295.94	1 934.90		
湖　北	10 306.78	128.00	656.36	9 234.60		287.82
湖　南	3 629.20	21.40	120.00	3 437.80		50.00
广　东	8 609.43	6 293.29	1 263.52	639.00		413.62
广　西	2 163.30	1 517.88	504.60	134.42		6.40
海　南	906.94	256.46	90.00	560.48		
重　庆	12 107.73	2 653.22		9 218.51		236.00
四　川	7 827.41	408.10	205.99	7 213.32		
贵　州	6 234.07	112.59	3 080.93	1 819.05		1 221.50
云　南	10 208.07	360.56	888.54	8 942.97		16.00
陕　西	4 541.34	643.90	959.90	2 937.54		
甘　肃	858.11	164.51	443.80	249.80		
青　海	2 265.00	620.00		1 645.00		
宁　夏	1 926.53	695.36	606.17	625.00		
新　疆	1 004.68	998.63	6.05			
大　连	160.86	88.96		71.90		
青　岛	555.92	502.00		53.92		
宁　波	1 403.50	1 231.00		172.50		
厦　门	2 201.00	2 201.00				
深　圳	2 027.51	2 027.51				
新疆兵团	506.23	506.23				

各地区水产技术推广机构人员编制情况（按层级分）

单位：人

地　　区	编制人数					
	合　计	省级站	市级站	县级站	区域站	乡镇站
全国总计	32 949	1 532	3 415	15 155	195	12 652
北　　京	177	42		135		
天　　津	261	165		96		
河　　北	883	33	141	670	36	3
山　　西	308	33	85	190		
内　蒙　古	705	28	168	509		
辽　　宁	717	25	157	325	21	189
吉　　林	1 009	31	122	346		510
黑　龙　江	868	31	57	653		127
上　　海	412	175		137		100
江　　苏	1 967	48	186	657	13	1 063
浙　　江	832	20	100	440	9	263
安　　徽	1 312	17	148	458		689
福　　建	1 194	33	116	395	2	648
江　　西	1 981	11	128	1 250	4	588
山　　东	2 711	68	317	1 297		1 029
河　　南	868	30	169	649	16	4
湖　　北	1 090	30	102	473		485
湖　　南	3 006	13	172	885	85	1 851
广　　东	1 287	32	340	588	9	318
广　　西	2 025	18	123	572		1 312
海　　南	96	18	7	63		8
重　　庆	1 296	38		327		931
四　　川	1 853	6	137	844		866
贵　　州	2 216	12	82	564		1 558
云　　南	1 124	23	197	886		18
陕　　西	1 339	156	125	1 058		
甘　　肃	578	80	157	331		10
青　　海	75	25	2	48		
宁　　夏	170	36	29	93		12
新　　疆	133	61	48	24		
大　　连	155	80		75		
青　　岛	110	5		56		49
宁　　波	125	43		61		21
厦　　门	38	38				
深　　圳	18	18				
新疆兵团	10	10				

各地区水产技术推广机构实有人员情况（按层级分）

单位：人

地　区	实有人数					
	合　计	省级站	市级站	县级站	区域站	乡镇站
全国总计	28 285	1 315	3 034	12 365	158	11 413
北　京	148	42		106		
天　津	205	119		86		
河　北	723	34	128	534	20	7
山　西	287	29	69	189		
内　蒙　古	606	25	142	439		
辽　宁	567	25	149	206	2	185
吉　林	953	25	104	314		510
黑　龙　江	634	22	39	459		114
上　海	363	145		114		104
江　苏	1 772	44	152	541	14	1 021
浙　江	767	20	85	335	8	319
安　徽	1 115	14	133	455		513
福　建	921	29	105	361	2	424
江　西	994	11	53	417	4	509
山　东	2 385	58	313	1 022		992
河　南	815	24	164	604	19	4
湖　北	1 204	23	94	431		656
湖　南	2 635	13	153	719	81	1 669
广　东	1 330	30	325	539	8	428
广　西	1 865	16	111	538		1 200
海　南	108	26	12	62		8
重　庆	1 257	30		292		935
四　川	1 740	6	127	745		862
贵　州	1 222	12	59	376		775
云　南	916	22	161	715		18
陕　西	1 364	114	127	1 123		
甘　肃	603	66	156	361		20
青　海	64	19	2	43		
宁　夏	142	30	29	69		14
新　疆	119	57	42	20		
大　连	134	69		65		
青　岛	144	5		34		105
宁　波	109	37		51		21
厦　门	44	44				
深　圳	21	21				
新疆兵团	9	9				

各地区水产技术推广机构实有人员情况
（按技术职称和文化程度分）

单位：人

地　区	技术职称					文化程度					
	正高级	副高级	中级	初级	其他	博士	硕士	本科	大专	中专	其他
全国总计	803	4 423	9 319	6 708	7 032	95	2 183	12 030	9 280	2 993	1 704
北　京	6	34	42	17	49	2	42	79	16	2	7
天　津	8	54	87	28	28	12	49	116	19	6	3
河　北	68	147	231	125	152	1	47	388	174	55	58
山　西	8	48	114	45	72		19	172	75	8	13
内　蒙　古	53	157	161	117	118	3	64	358	152	23	6
辽　宁	49	96	157	48	217	1	51	285	189	18	23
吉　林	73	183	291	206	200		43	374	358	139	39
黑　龙　江	31	140	126	98	239		34	380	164	34	22
上　海	13	57	115	137	41	16	102	161	58	18	8
江　苏	87	338	629	376	342	11	242	724	591	135	69
浙　江	25	108	275	161	198	8	126	447	162	16	8
安　徽	45	233	412	246	179		63	466	391	134	61
福　建	18	170	289	278	166	2	82	448	246	127	16
江　西	4	96	214	282	398		41	268	349	184	152
山　东	62	322	769	720	512	12	251	1 122	615	270	115
河　南	21	124	249	114	307	2	36	391	246	65	75
湖　北	8	47	301	391	457	3	60	219	490	276	156
湖　南	16	176	903	774	766	1	70	648	1 112	530	274
广　东	19	172	382	326	431	9	147	656	356	82	80
广　西	21	256	850	486	252		34	706	897	174	54
海　南	1	6	19	32	50		27	44	26	3	8
重　庆	13	165	500	290	289	1	83	612	416	96	49
四　川	16	193	629	459	443		96	664	695	200	85
贵　州	12	225	543	358	84	1	50	594	508	63	6
云　南	44	414	265	107	86		29	543	276	56	12
陕　西	8	163	336	268	589	1	54	421	423	224	241
甘　肃	29	135	209	106	124		66	318	154	27	38
青　海	3	15	21	17	8		4	48	9	3	
宁　夏	10	42	47	28	15		20	95	20	6	1
新　疆	12	33	25	12	37		28	68	16	3	4
大　连	4	21	36	21	52		54	59	20	1	
青　岛	7	17	34	9	77	1	15	66	45	14	3
宁　波	7	22	32	14	34	5	30	64	8	1	1
厦　门		9	13	8	14	3	17	19	4		1
深　圳		3	10	2	6		4	1			16
新疆兵团	2	2	3	2			3	6			

各地区水产技术推广机构实有人员情况（按性别和年龄分）

单位：人

地　　区	性　　别		年龄结构		
	男性	女性	35 岁及以下	36～49 岁	50 岁及以上
全国总计	20 144	8 141	5 715	12 743	9 827
北　　京	81	67	24	70	54
天　　津	121	84	42	110	53
河　　北	453	270	84	338	301
山　　西	179	108	26	149	112
内　蒙　古	398	208	103	199	304
辽　　宁	395	172	66	283	218
吉　　林	659	294	132	337	484
黑　龙　江	413	221	137	258	239
上　　海	250	113	115	153	95
江　　苏	1 229	543	359	679	734
浙　　江	555	212	232	309	226
安　　徽	870	245	174	427	514
福　　建	710	211	247	352	322
江　　西	802	192	227	371	396
山　　东	1 562	823	468	1 168	749
河　　南	551	264	102	412	301
湖　　北	933	271	202	543	459
湖　　南	2 178	457	389	1 299	947
广　　东	924	406	316	695	319
广　　西	1 392	473	422	960	483
海　　南	69	39	32	49	27
重　　庆	850	407	425	486	346
四　　川	1 288	452	405	794	541
贵　　州	914	308	346	545	331
云　　南	587	329	117	425	374
陕　　西	878	486	173	756	435
甘　　肃	398	205	143	243	217
青　　海	36	28	20	20	24
宁　　夏	93	49	28	42	72
新　　疆	68	51	31	60	28
大　　连	90	44	33	70	31
青　　岛	100	44	48	58	38
宁　　波	77	32	28	50	31
厦　　门	23	21	16	21	7
深　　圳	12	9	1	10	10
新疆兵团	6	3	2	2	5

各地区水产技术推广机构自有试验示范基地情况

单位：个、公顷

地 区	合 计		省级站		市级站		县级站		区域站		乡镇站	
	数量	面积	数量	面积	数量	面积	数量	面积	数量	面积	数量	面积
全国总计	419	8 881.0	31	630.8	64	1 293.3	219	3 447.0	1	5.0	104	3 504.9
北　京	2	19.3	2	19.3								
天　津	3	39.0	1	20.0			2	19.0				
河　北	4	8.7	2	7.7	2	1.0						
山　西	3	46.1			1	16.0	2	30.1				
内　蒙　古	13	209.6			1	20.0	12	189.6				
辽　宁	1	1.3					1	1.3				
吉　林	1	10.5					1	10.5				
黑　龙　江	12	613.1	1	16.0	1	12.0	9	385.1			1	200.0
上　海	8	151.6	3	110.1			4	35.5			1	6.0
江　苏	25	1 449.6	1	35.0	5	199.7	7	543.7			12	671.3
浙　江	13	63.3	2	21.6	2	19.7	9	22.0				
安　徽	21	535.6					9	100.6			12	435.0
福　建	7	54.1			1	9.6	6	44.5				
江　西	22	201.0					22	201.0				
山　东	9	663.7			3	332.7	6	330.9				
河　南	13	82.4			1	2.0	11	75.4	1	5.0		
湖　北	50	1 861.5			6	387.3	11	140.2			33	1 334.0
湖　南	73	1 627.8			5	44.8	29	776.0			39	807.0
广　东	32	322.9	2	23.0	17	149.1	12	105.3			1	45.6
广　西	9	50.6			1	6.0	5	42.6			3	2.0
海　南	1	7.3			1	7.3						
重　庆	5	58.0					5	58.0				
四　川	32	177.5	1	29.0	3	17.5	26	127.0			2	4.0
贵　州	4	11.3			1	4.0	3	7.3				
云　南	25	65.0	1	6.0	6	19.0	18	40.0				
陕　西	16	151.4	5	30.0	4	31.0	7	90.4				
甘　肃	5	102.7	3	100.0	2	2.7						
青　海	1	6.4	1	6.4								
宁　夏												
新　疆	4	229.7	1	146.7	1	11.9	2	71.2				
大　连												
青　岛												
宁　波	3	57.0	3	57.0								
厦　门	1	0.4	1	0.4								
深　圳												
新疆兵团	1	2.6	1	2.6								

各地区水产技术推广机构合作试验示范基地情况

单位：个、公顷

地　　区	合　计 数量	合　计 面积	省级站 数量	省级站 面积	市级站 数量	市级站 面积	县级站 数量	县级站 面积	区域站 数量	区域站 面积	乡镇站 数量	乡镇站 面积
全国总计	3 088	115 676.1	243	6 985.3	484	20 915.0	1 779	73 152.8			582	14 623.1
北　京	8	13.3					8	13.3				
天　津												
河　北	139	2 441.5	45	312.5	37	1 488.6	57	640.4				
山　西	11	144.5	3	60.0			8	84.5				
内　蒙　古	62	2 783.2	20	1 600.0	12	314.7	30	868.5				
辽　宁	51	2 845.5			25	1 711.1	25	1 104.4			1	30.0
吉　林	94	9 063.4	18	2 300.0	13	452.0	45	3 840.0			18	2 471.4
黑　龙　江	53	8 372.5					53	8 372.5				
上　海	48	730.8	34	554.0			13	161.8			1	15.0
江　苏	139	6 691.8			50	1 364.8	40	1 029.2			49	4 297.8
浙　江	276	1 894.1	3	61.9	28	248.0	239	1 343.9			6	240.3
安　徽	232	9 253.7			17	3 123.0	135	5 253.7			80	877.0
福　建	87	2 979.8	6	53.7	3	8.0	77	2 785.1			1	133.0
江　西	245	7 139.8	13	188.8	33	237.8	130	3 993.2			69	2 720.0
山　东	142	18 923.1			26	5 332.0	108	13 238.8			8	352.3
河　南	105	1 423.6			27	124.0	78	1 299.6				
湖　北	327	20 091.8	10	101.0	28	1 253.9	165	16 481.9			124	2 255.0
湖　南	180	5 460.1	2	15.0	26	586.7	118	4 202.5			34	656.0
广　东	99	3 881.7			42	3 326.8	56	524.9			1	30.0
广　西	164	4 748.7	50	270.0	49	780.4	59	3 511.9			6	186.3
海　南	6	186.0	4	166.0	2	20.0						
重　庆	123	1 427.7	16	288.4			100	1 047.3			7	92.0
四　川	293	1 374.4			38	175.0	78	932.4			177	267.0
贵　州	16	54.2					16	54.2				
云　南	41	417.4			5	38.4	36	379.1				
陕　西	73	933.3			9	60.5	64	872.8				
甘　肃	25	165.9			8	78.0	17	87.9				
青　海	4	15.3	2	1.0			2	14.3				
宁　夏	24	1 603.3	9	780.0	6	191.3	9	632.0				
新　疆	9	319.0	7	218.7			2	100.3				
大　连												
青　岛	2	87.1					2	87.1				
宁　波	9	195.2					9	195.2				
厦　门												
深　圳												
新疆兵团	1	14.3	1	14.3								

各地区水产技术推广机构房屋条件情况（一）

单位：米²

地　　区	办公用房面积					
	合　　计	省级站	市级站	县级站	区域站	乡镇站
全国总计	467 738	54 961	65 353	153 854	1 372	192 198
北　　京	1 755	375		1 379		
天　　津	15 948	15 315		633		
河　　北	8 326	800	2 112	5 270	24	120
山　　西	5 311	2 227	1 559	1 525		
内　蒙　古	6 654	1 000	1 819	3 835		
辽　　宁	8 600	1 638	2 780	2 553	40	1 590
吉　　林	16 084	1 326	3 652	3 084		8 023
黑　龙　江	5 093	193	355	4 184		362
上　　海	12 267	6 624		3 940		1 703
江　　苏	33 961	235	3 101	7 286	112	23 227
浙　　江	10 277	383	1 425	3 396	530	4 543
安　　徽	21 413	178	2 426	8 849		9 960
福　　建	15 180	1 313	5 259	3 146	19	5 443
江　　西	16 899	82	328	3 386		13 103
山　　东	21 049	600	3 004	10 240		7 205
河　　南	10 479	740	3 287	5 993	380	80
湖　　北	23 300	571	2 302	11 520		8 907
湖　　南	45 463	180	5 040	13 087	237	26 919
广　　东	19 405	450	6 011	5 701	30	7 213
广　　西	49 986	3 371	1 088	4 482		41 045
海　　南	2 363	350	166	1 847		
重　　庆	18 225	2 102		3 600		12 523
四　　川	19 909	50	3 326	9 391		7 142
贵　　州	15 607	100	991	3 198		11 318
云　　南	16 588	462	5 684	10 277		164
陕　　西	18 366	1 820	3 424	13 122		
甘　　肃	8 205	715	3 044	4 205		240
青　　海	2 885	1 680	38	1 167		
宁　　夏	2 462	660	672	1 026		104
新　　疆	5 590	2 300	2 460	830		
大　　连	556			556		
青　　岛	1 200	36		220		944
宁　　波	3 725	2 476		928		321
厦　　门	1 664	1 664				
深　　圳	2 769	2 769				
新疆兵团	175	175				

各地区水产技术推广机构房屋条件情况（二）

单位：个

地　　区	培训教室数量					
	合　计	省级站	市级站	县级站	区域站	乡镇站
全国总计	1 727	37	82	514	35	1 059
北　　京	5	3		2		
天　　津	7	1		6		
河　　北	18		1	16	1	
山　　西	17		3	14		
内　蒙　古	13		2	11		
辽　　宁	6	3	1	1		1
吉　　林	21	1		5		15
黑　龙　江	26			11		15
上　　海	37	5		6		26
江　　苏	202	1	8	17	8	168
浙　　江	90	3	3	25	20	39
安　　徽	96	1	2	22		71
福　　建	73		4	20		49
江　　西	101	1	1	34		65
山　　东	79		5	40		34
河　　南	37		7	29	1	
湖　　北	102		6	25		71
湖　　南	316	1	8	77	5	225
广　　东	75	1	13	23		38
广　　西	85	1	2	19		63
海　　南	3	1	1	1		
重　　庆	93	1		10		82
四　　川	98	1	3	25		69
贵　　州	38			13		25
云　　南	18	1		5	12	
陕　　西	25		3	22		
甘　　肃	17		4	13		
青　　海	4	1		3		
宁　　夏	4	1		3		
新　　疆	4	1		3		
大　　连	2			2		
青　　岛	3					3
宁　　波	9	5		4		
厦　　门	2	2				
深　　圳						
新　疆　兵　团	1	1				

各地区水产技术推广机构房屋条件情况（三）

单位：米²

地　　区	培训教室面积					
	合　　计	省级站	市级站	县级站	区域站	乡镇站
全国总计	**140 559**	**4 678**	**8 293**	**47 980**	**2 480**	**77 128**
北　　京	312	182		130		
天　　津	762	300		462		
河　　北	1 139		20	1 089	30	
山　　西	1 420		268	1 152		
内 蒙 古	706		72	634		
辽　　宁	450	170	150	100		30
吉　　林	1 251	40		386		825
黑 龙 江	2 702			1 181		1 521
上　　海	2 718	808		325		1 585
江　　苏	16 774	96	850	1 640	800	13 388
浙　　江	6 978	389	630	1 421	1 360	3 178
安　　徽	8 229	62	50	1 602		6 515
福　　建	8 515		310	2 005		6 200
江　　西	6 299	48	50	2 941		3 260
山　　东	7 158		1 350	3 232		2 576
河　　南	3 311		430	2 831	50	
湖　　北	7 129		424	1 927		4 778
湖　　南	26 008	70	500	12 602	240	12 596
广　　东	8 379	120	1 781	1 917		4 561
广　　西	5 285	270	53	1 696		3 266
海　　南	115	40	50	25		
重　　庆	8 215	80		1 060		7 075
四　　川	5 482	100	290	2 162		2 930
贵　　州	3 310			1 050		2 260
云　　南	1 484	120	504	860		
陕　　西	1 453		160	1 293		
甘　　肃	1 445		351	1 094		
青　　海	506	290		216		
宁　　夏	191	75		116		
新　　疆	255	125		130		
大　　连	80			80		
青　　岛	584					584
宁　　波	1 196	576		620		
厦　　门	592	592				
深　　圳						
新 疆 兵 团	126	126				

各地区水产技术推广机构实验室情况（一）

单位：个

地　　区	实验室数量					
	合　　计	省级站	市级站	县级站	区域站	乡镇站
全国总计	1 532	144	213	773	4	398
北　　京	6	2		4		
天　　津	27	6		21		
河　　北	28	1	8	19		
山　　西	5	1	3	1		
内　蒙　古	11	1	2	8		
辽　　宁	10	1	6	3		
吉　　林	27	1	9	15		2
黑　龙　江	26	1	1	23		1
上　　海	77	62		11		4
江　　苏	204	2	9	52	3	138
浙　　江	103	1	30	29		43
安　　徽	170	22	7	39		102
福　　建	77	1	10	66		
江　　西	67	1	3	63		
山　　东	55	1	8	35		11
河　　南	29	1	8	19	1	
湖　　北	57	1	11	35		10
湖　　南	57	1	14	37		5
广　　东	133	2	14	42		75
广　　西	89	17	22	49		1
海　　南	15	1	10	4		
重　　庆	44	2		42		
四　　川	46	1	6	34		5
贵　　州	11	1	3	7		
云　　南	30	1	7	22		
陕　　西	59	2	14	43		
甘　　肃	10	1	4	5		
青　　海	7	1		6		
宁　　夏	9	1	4	4		
新　　疆	3	2		1		
大　　连	24			24		
青　　岛	4			3		1
宁　　波	9	2		7		
厦　　门	1	1				
深　　圳	1	1				
新疆兵团	1	1				

各地区水产技术推广机构实验室情况（二）

单位：米²

地 区	实验室面积					
	合 计	省级站	市级站	县级站	区域站	乡镇站
全国总计	176 688	44 993	34 261	79 772	80	17 582
北 京	5 299	4 385		914		
天 津	2 112	1 200		912		
河 北	4 935	1 600	1 800	1 535		
山 西	810	290	220	300		
内 蒙 古	1 023	700	73	250		
辽 宁	3 418	1 300	1 171	947		
吉 林	2 841	660	1 349	771		60
黑 龙 江	2 290	796	16	1 453		25
上 海	2 270	1 765		470		35
江 苏	16 290	1 200	2 278	8 815	60	3 937
浙 江	15 640	6 241	3 256	5 004		1 140
安 徽	11 630	1 080	1 852	6 071		2 627
福 建	7 911	1 475	1 572	4 864		
江 西	6 390	820	83	5 487		
山 东	13 725	20	4 810	8 320		575
河 南	3 302	836	1 488	958	20	
湖 北	5 859	30	2 095	3 614		120
湖 南	8 015	700	2 238	4 912		165
广 东	19 096	1 493	3 812	5 023		8 767
广 西	6 728	580	1 289	4 819		40
海 南	1 423	950	350	123		
重 庆	8 656	6 122		2 534		
四 川	5 221	502	3 042	1 601		76
贵 州	3 446	1 058	36	2 352		
云 南	1 972	231	309	1 432		
陕 西	4 257	2 230	335	1 692		
甘 肃	1 172	572	275	325		
青 海	1 133	788		345		
宁 夏	2 359	1 200	512	647		
新 疆	1 260	1 200		60		
大 连	1 693			1 693		
青 岛	305			290		15
宁 波	2 608	1 369		1 239		
厦 门	1 048	1 048				
深 圳	407	407				
新疆兵团	144	144				

各地区水产技术推广机构实验室情况（三）

单位：万元

地 区	实验室设备原值					
	合 计	省级站	市级站	县级站	区域站	乡镇站
全国总计	**311 261.0**	**48 212.5**	**26 489.8**	**47 864.0**	**62.0**	**188 632.7**
北 京	6 659.2	5 854.4		804.8		
天 津	1 000.7	612.0		388.7		
河 北	4 394.8	2 080.0	1 616.6	698.2		
山 西	911.4	826.4	20.0	65.0		
内 蒙 古	1 067.0	1 000.0	21.0	46.0		
辽 宁	4 208.3	2 370.0	1 344.5	493.8		
吉 林	2 408.6	926.0	908.7	573.0		1.0
黑 龙 江	2 121.6	1 122.0	3.5	994.6		1.5
上 海	1 662.7	1 016.1		645.6		1.0
江 苏	12 158.0	3 495.0	1 483.6	6 106.3	27.0	1 046.1
浙 江	12 030.1	6 470.0	1 571.5	3 551.6		437.0
安 徽	4 504.5	943.0	537.7	2 456.1		567.7
福 建	5 859.7	871.3	2 882.8	2 105.6		
江 西	4 893.4	1 500.0	37.0	3 356.4		
山 东	7 742.7	1.5	3 079.2	4 541.0		121.0
河 南	2 227.0	600.0	761.4	830.6	35.0	
湖 北	3 792.6	20.0	1 505.4	2 187.2		80.0
湖 南	5 644.0	870.0	2 178.6	2 542.3		53.1
广 东	196 104.5	1 000.0	4 541.4	4 563.3		185 999.7
广 西	4 381.7	217.7	1 275.9	2 573.2		315.0
海 南	2 981.0	2 549.9	320.0	111.2		
重 庆	2 995.7	1 635.3		1 360.4		
四 川	3 019.5	320.7	1 603.6	1 087.7		7.6
贵 州	1 395.0	729.7	5.0	660.3		
云 南	1 251.1	65.1	146.5	1 039.5		
陕 西	3 872.6	2 820.0	351.8	700.8		
甘 肃	680.1	543.3	40.0	96.7		
青 海	942.7	844.0		98.7		
宁 夏	1 699.7	1 153.1	254.3	292.3		
新 疆	1 145.4	1 060.4		85.0		
大 连	1 281.8			1 281.8		
青 岛	967.5	374.0		591.5		2.0
宁 波	3 984.6	3 049.5		935.1		
厦 门	560.0	560.0				
深 圳	510.0	510.0				
新疆兵团	202.2	202.2				

各地区水产技术推广机构信息平台情况

地　　区	网站（个）	手机平台（户）	电话热线（条）	技术简报（个）
全国总计	**303**	**4 636**	**10 846**	**6 035**
北　　京		6	12	5
天　　津	4			
河　　北	11	62	250	58
山　　西	1	29	656	25
内　蒙　古	6	61	37	43
辽　　宁	3	12	114	2
吉　　林	3	240	1 208	50
黑　龙　江	3	81	39	47
上　　海	6	48	55	7
江　　苏	20	365	595	160
浙　　江	33	158	212	22
安　　徽	47	310	416	73
福　　建		168	186	51
江　　西	25	107	124	32
山　　东	2	328	647	55
河　　南	6	158	151	272
湖　　北	8	238	1 389	123
湖　　南	53	495	351	4 429
广　　东	10	97	166	39
广　　西	3	641	685	47
海　　南	3	13	22	4
重　　庆	11	179	363	116
四　　川	8	229	721	95
贵　　州	4	203	652	102
云　　南	21	179	179	40
陕　　西		92	1 322	18
甘　　肃	5	45	88	19
青　　海		9	85	70
宁　　夏	1	32	27	10
新　　疆	1	7	8	18
大　　连		3	23	1
青　　岛	1	32	38	
宁　　波	4	7	19	2
厦　　门				
深　　圳			2	
新疆兵团		2	4	

各地区水产技术推广机构履职成效情况（一）

地　　区	示范关键技术（个）	检验检测（批次）	指导面积（公顷）	服务对象		
				农户（户）	企业（个）	合作组织（个）
全国总计	3 917	255 500	4 671 870	1 434 995	39 215	29 672
北　京	17	1 354	1 179	546	127	20
天　津	19	9 086	18 425	1 619	84	96
河　北	114	5 610	64 525	5 118	730	74
山　西	5	901	8 674	457	217	150
内 蒙 古	67	753	92 667	4 054	299	353
辽　宁	61	1 785	76 918	1 900	556	17
吉　林	90	1 928	190 368	5 578	265	247
黑 龙 江	179	466	455 529	10 723	338	176
上　海	31	5 610	12 587	3 453	72	551
江　苏	421	47 547	662 987	143 555	4 685	3 170
浙　江	329	13 026	290 537	20 620	2 288	936
安　徽	280	44 868	385 960	29 573	4 200	2 341
福　建	164	10 297	93 453	25 460	3 208	841
江　西	143	1 390	381 626	48 262	2 282	1 863
山　东	253	9 379	267 733	25 575	1 406	1 253
河　南	191	1 058	75 445	27 594	767	964
湖　北	342	13 161	436 441	305 518	1 800	3 670
湖　南	213	11 174	222 386	100 611	3 442	3 131
广　东	87	25 619	152 355	51 347	1 791	465
广　西	165	6 791	139 699	97 134	2 047	1 458
海　南	8	2 074	6 654	8 013	210	40
重　庆	107	6 030	57 880	30 244	2 226	1 078
四　川	157	15 820	237 944	88 615	1 383	3 937
贵　州	78	2 286	131 660	355 766	1 501	1 323
云　南	97	2 010	71 964	24 453	694	347
陕　西	83	4 131	42 730	2 894	1 064	531
甘　肃	48	238	6 957	1 921	580	220
青　海	6	285	844	188	34	45
宁　夏	78	1 307	34 033	1 304	175	159
新　疆	8	323	11 321	611	140	68
大　连	6	1 309	2 800	170	25	
青　岛	21	2 056	14 060	1 994	152	50
宁　波	44	4 919	18 308	8 983	326	76
厦　门	0	584	922	1 042	8	10
深　圳	0	292	800		78	
新 疆 兵 团	5	33	3 500	100	15	12

各地区水产技术推广机构履职成效情况（二）

地　　区	渔民技术培训		推广人员培训		公共信息服务		
	期数（期）	人数（人次）	业务培训（人次）	学历教育（人次）	信息覆盖用户（户）	发布公共信息（条）	发放技术资料（份）
全国总计	**11 817**	**1 145 130**	**68 799**	**2 623**	**1 704 644**	**1 693 062**	**4 532 920**
北　京	19	668	581		552	2 243	2 827
天　津	100	7 247	2 332		504	340	15 657
河　北	338	7 762	1 019	27	4 821	8 061	29 878
山　西	81	1 526	181	8	442	646	20 778
内　蒙　古	160	4 894	1 363	70	9 199	4 965	49 237
辽　宁	70	2 851	760	12	3 721	45 396	20 387
吉　林	133	8 127	1 217	63	6 588	7 306	36 553
黑　龙　江	187	11 506	1 056	28	8 677	2 470	27 906
上　海	170	6 302	2 784	20	3 687	12 631	25 615
江　苏	1 446	106 336	5 469	386	204 445	175 920	489 925
浙　江	420	22 903	13 552	25	93 979	66 493	68 390
安　徽	759	50 853	2 993	258	75 072	130 146	268 250
福　建	346	13 863	1 670	20	56 664	4 734	94 587
江　西	352	22 240	1 126	29	46 685	43 564	170 664
山　东	476	33 423	3 053	82	81 980	51 015	209 784
河　南	381	26 749	2 067	82	23 623	31 653	184 563
湖　北	1 068	65 049	894	232	216 103	345 243	917 780
湖　南	771	47 652	3 519	241	295 360	67 593	428 863
广　东	537	524 912	3 905	121	123 723	184 749	118 408
广　西	543	26 536	4 301	141	148 137	86 437	171 573
海　南	34	1 881	174	5	4 725	2 215	6 188
重　庆	324	13 674	1 387	23	21 686	44 314	131 622
四　川	700	43 469	3 410	398	162 580	137 170	490 971
贵　州	775	35 035	1 369	55	33 342	10 426	121 754
云　南	602	24 209	3 226	26	44 849	64 662	157 000
陕　西	545	17 236	3 377	138	10 609	20 013	115 994
甘　肃	201	4 452	653	37	2 878	2 135	68 427
青　海	28	360	91	3	427	1 101	2 818
宁　夏	105	4 026	298	33	1 658	8 479	65 742
新　疆	50	2 334	65	4	743	557	2 641
大　连	10	427	46		6 249	4 943	1 640
青　岛	40	4 094	131	16	3 697	9 128	7 810
宁　波	36	1 981	297	40	6 480	112 305	6 040
厦　门	4	133	396		309	2 564	1 068
深　圳	2	210	31		60	1 200	1 260
新疆兵团	4	210	6		390	245	320

各地区水产技术推广机构获得技术成果情况

地 区	技术成果数量（个）	参与培育新品种（个）	获得奖励（个）				获得专利（项）	发表论文（篇）	制定标准/规范（个）	出版图书（本）
			国家级	省部级	市厅级	县 级				
全国总计	159	11	5	71	126	86	436	1491	255	95
北　京	4						6	25	2	
天　津	5						21	62	3	
河　北	4				3		17	47	8	8
山　西								5		
内　蒙　古	1				5		8	42	5	10
辽　宁	2				4		13	24	3	1
吉　林	5						6	10	2	
黑　龙　江	3			3	8		17	59	24	1
上　海	13						5	46	3	3
江　苏	1	4			2		20	137	39	4
浙　江	19			1	12	4	23	95	26	3
安　徽	3			3	4	5	23	80	28	1
福　建	4	1		3	12	1	14	55	3	5
江　西	5			1			34	22	5	8
山　东	23	1		1	26	27	81	130	22	9
河　南	1	1		5	1	2	5	66	16	10
湖　北	1			2			10	27	10	3
湖　南	20	1		2	4	11	10	103	5	2
广　东	1			16	10	4	19	59	10	1
广　西	11			2	2	1	21	101	8	8
海　南		2		1	1		1	2		1
重　庆	2		1	8	6	24	20	63	8	7
四　川	5		1	3			3	6	7	2
贵　州	9			1	13		3	47		2
云　南	2	1	1	5	2	2	10	44	6	
陕　西	1			6	3	5		22	4	
甘　肃	5			1	5		17	42	3	3
青　海	2						2	3	2	
宁　夏			1					10		1
新　疆							1	23		
大　连				1			4	9		
青　岛							4	2		1
宁　波	7			1	3		13	17		
厦　门			1	4			1	1		
深　圳				1			2	3	1	1
新疆兵团							3	3		

2025

第七部分

灾　　害

各地区渔业灾情造成的经济损失（一）

单位：万元

地　　区	1. 水产品损失					
	合　计	台风、洪涝	病　害	干　旱	污　染	其　他
全国总计	1 056 321.85	850 858.03	127 673.29	24 371.31	1 616.54	51 802.68
北　京						
天　津	1 003.50		1 000.50			3.00
河　北	196.00	122.00	9.00			65.00
山　西	39.60			39.60		
内　蒙　古	140.00	99.00	20.00			21.00
辽　宁	178 801.22	178 751.22			50.00	
吉　林	1 637.00	1 637.00				
黑　龙　江	1 253.00	1 253.00				
上　海	794.24	33.00	758.24		3.00	
江　苏	72 784.00	7 928.00	49 554.00	5 981.00	9.00	9 312.00
浙　江	10 965.00	5 404.00	5 010.00	499.00	6.00	46.00
安　徽	23 740.11	17 628.56	4 126.05	1 205.25	345.00	435.25
福　建	18 277.00	14 457.00	2 454.00	5.00		1 361.00
江　西	80 743.40	38 767.68	32 855.88	4 854.78	18.00	4 247.06
山　东	10 753.40	2 792.40	3 484.00	2 722.00	60.00	1 695.00
河　南	21 221.00	20 683.00	432.00		22.00	84.00
湖　北	37 341.06	4 018.13	4 140.13	2 254.00	90.00	26 838.80
湖　南	98 636.00	93 523.00	1 279.00	2 064.00	2.00	1 768.00
广　东	95 286.07	75 270.07	17 190.00	370.00	213.00	2 243.00
广　西	26 162.11	23 214.31	25.00			2 922.80
海　南	335 772.54	334 428.54	1 344.00			
重　庆	7 352.48	5 147.08	571.92	1 554.51		78.97
四　川	4 788.73	4 504.83	178.90	105.00		
贵　州	4 733.56	4 425.58	21.02	214.96		72.00
云　南	17 358.00	10 839.00	3 135.00	2 148.00	785.00	451.00
西　藏						
陕　西	6 118.70	5 747.70		350.00	12.00	9.00
甘　肃	117.53	58.93	1.65	4.21	1.54	51.20
青　海						
宁　夏	306.00	125.00	83.00			98.00
新　疆	0.60					0.60

各地区渔业灾情造成的经济损失（二）

单位：万元

地　　区	2.（台风、洪涝）损毁渔业设施							
	合　计	池　塘	网箱（鱼排）	围　栏	沉　船	船　损	堤　坝	泵　站
全国总计	446 050.63	77 361.08	62 095.60	404.08	887.00	3 485.12	16 067.56	6 661.00
北　京								
天　津								
河　北	64.75						20.00	
山　西								
内　蒙　古								
辽　宁	48 933.81	620.00	47 174.10	150.15			2.00	274.00
吉　林	161.00	76.00	17.00					
黑　龙　江	696.00	696.00						
上　海	35.00					35.00		
江　苏	2 655.00	2 076.00		117.00	1.00		12.00	1.00
浙　江	2 353.00	144.00	72.00	90.00	870.00	1 050.00	9.00	
安　徽	1 638.38	980.00	12.00	35.38			291.00	
福　建	4 691.00	1 057.00	761.00			11.00	8.00	
江　西	7 580.67	4 675.17	170.00	10.00	1.00	30.00	106.00	
山　东	2 165.10	1 365.00				3.00	0.80	
河　南	2 781.00	2 447.00				5.00	4.00	
湖　北	17 711.66	1 786.45	828.00				522.90	65.00
湖　南	226 451.00	27 378.00	532.00			375.00	10 654.00	6 577.00
广　东	12 452.26	5 209.59	6 412.00			23.27	558.00	
广　西	7 816.46	3 273.01	3 619.40	1.55		120.00	243.00	
海　南	93 346.16	13 252.07	2 451.10		15.00	1 830.85	2 931.00	
重　庆	1 630.50	1 413.74					176.71	
四　川	2 274.35	1 741.55					68.80	18.00
贵　州	843.85	378.55					36.50	
云　南	3 525.00	3 283.00	20.00				72.00	
西　藏								
陕　西	5 827.90	5 158.30	3.00				38.00	
甘　肃	69.78	3.65	24.00				41.85	
青　海								
宁　夏								
新　疆	347.00	347.00						

各地区渔业灾情造成的经济损失（三）

单位：万元

地　　区	2.（台风、洪涝）损毁渔业设施（续）							直接经济损失合计
	涵　闸	码　头	护　岸	防波堤	工厂化养殖	苗种繁育场	其　他	
全国总计	5 368.80	3 153.00	658.88	11 611.10	50 593.85	18 443.82	189 259.74	1 502 372.48
北　　京								
天　　津								1 003.50
河　　北	10.00				28.00		6.75	260.75
山　　西								39.60
内　蒙　古								140.00
辽　　宁			3.00	1.00	196.00	23.20	490.36	227 735.03
吉　　林				2.00	23.00		43.00	1 798.00
黑　龙　江								1 949.00
上　　海								829.24
江　　苏					240.00		208.00	75 439.00
浙　　江		40.00	10.00				68.00	13 318.00
安　　徽					135.00	126.00	59.00	25 378.49
福　　建		525.00	135.00	482.00	1 421.00	25.00	266.00	22 968.00
江　　西			21.00		1 374.00	130.00	1 063.50	88 324.07
山　　东		5.00	0.30		380.00	300.00	111.00	12 918.50
河　　南							325.00	24 002.00
湖　　北	161.80	20.00	199.50	0.50	3 913.20	1 391.80	8 822.51	55 052.72
湖　　南	5 167.00	2 263.00	67.00	5 587.00	20 658.00	9 430.00	137 763.00	325 087.00
广　　东	30.00				63.00	90.00	66.40	107 738.33
广　　西			2.00	0.50	338.00	65.00	154.00	33 978.57
海　　南		300.00	200.00	5 526.00	21 205.65	6 635.82	38 998.67	429 118.70
重　　庆						2.00	38.05	8 982.98
四　　川			17.00	4.00	19.00	15.00	391.00	7 063.08
贵　　州			3.80		170.00	170.00	85.00	5 577.41
云　　南					110.00	40.00		20 883.00
西　　藏								
陕　　西				8.10	320.00		300.50	11 946.60
甘　　肃			0.28					187.31
青　　海								
宁　　夏								306.00
新　　疆								347.60

各地区渔业灾情造成的数量损失（一）

地　区	1. 受灾养殖面积（公顷）						2. 水产品损失（吨）		
	合　计	台风、洪涝	病　害	干　旱	污　染	其　他	合　计	台风、洪涝	病　害
全国总计	267 477	148 192	75 005	16 008	370	27 902	481 540	357 358	84 436
北　京									
天　津	798		795			3	1 105		1 103
河　北	279	20	16			243	112	82	1
山　西	9			9			22		
内　蒙　古	339	332	4			3	63	46	10
辽　宁	42 775	42 770			5		120 548	120 524	
吉　林	139	139					337	337	
黑　龙　江	35	35					764	764	
上　海	1 040	82	957		1		411	10	400
江　苏	31 788	1 800	24 624	3 611	3	1 750	25 239	2 669	20 627
浙　江	3 487	2 017	1 327	128	8	7	5 499	2 969	2 220
安　徽	13 359	8 594	2 677	1 786	140	162	12 317	8 264	2 515
福　建	3 231	1 631	621	2		977	29 862	26 567	2 734
江　西	47 903	20 008	23 166	3 504	5	1 220	76 513	37 308	30 590
山　东	6 152	616	3 920	1 112	30	474	8 183	3 277	1 962
河　南	8 192	7 051	748	381	10	2	20 980	20 578	373
湖　北	43 000	14 881	9 151	2 350	3	16 615	33 782	16 071	4 111
湖　南	36 648	27 958	1 771	1 617	1	5 301	37 821	35 064	744
广　东	10 267	5 606	3 714	66	155	726	43 378	23 774	14 634
广　西	2 079	1 872	73			134	13 757	13 575	19
海　南	7 613	7 415	198				32 218	31 882	336
重　庆	2 910	1 921	98	889		2	3 763	2 581	206
四　川	672	540	122	10			1 636	1 516	82
贵　州	1 894	1 873	7	2		12	2 131	2 034	8
云　南	2 449	778	938	533	2	198	9 032	6 017	1 314
西　藏									
陕　西	235	223		6	6		1 505	1 413	
甘　肃	11	5	1	2	1	2	33	11	1
青　海									
宁　夏	110	25	62			23	153	25	71
新　疆	63		15			48	376		375

各地区渔业灾情造成的数量损失（二）

地　　区	2. 水产品损失（吨）（续）			3.（台风、洪涝）损毁渔业设施					
	干　旱	污　染	其　他	池塘（公顷）	网箱（鱼排）（箱）	围栏（千米）	沉船（艘）	船损（艘）	堤坝（米）
全国总计	16 150	744	22 852	25 851	392 064	17 540	20	661	187 872
北　　京									
天　　津			2						
河　　北			29						226
山　　西	22								
内　蒙　古			7						
辽　　宁		24		159	364 285	4		2	5 375
吉　　林				49	8				
黑　龙　江				35					
上　　海		1						1	
江　　苏	1 282	1	660	571		61	9		12
浙　　江	283	4	23	58	25	16	3	14	6
安　　徽	985	296	257	284	4	16			6 671
福　　建	2		559	192	170			2	20
江　　西	5 228	17	3 370	1 987	1 603	5	5	5	2 646
山　　东	1 275	50	1 619	210					700
河　　南		27	2	639				1	4 080
湖　　北	2 932	10	10 658	2 413	23 650	17 436			10 725
湖　　南	1 296	1	716	14 091	1 183			27	133 732
广　　东	449	140	4 381	2 421	430			22	4 562
广　　西			163	681	194	2		12	873
海　　南				946	395		3	575	2 215
重　　庆	970		6	106					5 925
四　　川	38			123					170
贵　　州	67		22	442					420
云　　南	1 237	160	304	277	23				130
西　　藏									
陕　　西	80	12		118	6				9 304
甘　　肃	4	1	16	1	88				80
青　　海									
宁　　夏				57					
新　　疆			1	48					

各地区渔业灾情造成的数量损失（三）

地　　区	3.（台风、洪涝）损毁渔业设施（续）							4. 人员损失（人）			
	泵站（座）	涵闸（座）	码头（米）	护岸（米）	防波堤（米）	工厂化养殖（座）	苗种繁育场（个）	合计	失踪	死亡	重伤
全国总计	3 201	1 273	5 024	20 248	32 552	628	140				
北　　京											
天　　津											
河　　北		1				5					
山　　西											
内　蒙　古											
辽　　宁		3		800	765	1	3				
吉　　林					50	2					
黑　龙　江											
上　　海											
江　　苏	3					17					
浙　　江			60	100							
安　　徽						3	3				
福　　建			325	225	550	6	5				
江　　西				270		49	3				
山　　东			3			17	6				
河　　南											
湖　　北	23	43	10	14971	3	124	18				
湖　　南	3 157	1 223	4 526	3 643	28 139	205	29				
广　　东			3			2	5				
广　　西				23	60	3	2				
海　　南			100	60	2 720	119	60				
重　　庆							1				
四　　川	18			108	15	1	1				
贵　　州				48		1	3				
云　　南						72	1				
西　　藏											
陕　　西					250	1					
甘　　肃											
青　　海											
宁　　夏											
新　　疆											

附　　录

附录 1

水产品产量数据调整说明

1. 根据第二次农业普查结果调整水产品产量数据说明

第二次全国农业普查结束后，按照国家统计局要求，原农业部对 2006 年渔业统计数据进行了调整。调整以农业普查水产养殖面积调查结果为依据，以各省（自治区、直辖市）2006 年的养殖单产水平、养殖结构为参考依据，综合测算各省（自治区、直辖市）水产品产量调减比例，核定 2006 年水产品产量。并以此为基数，参考渔业统计年报中各年度间的产量调整比例，对 1997—2005 年的水产品产量数据进行了相应调整。

2. 根据第三次农业普查结果调整水产品产量数据说明

第三次全国农业普查结束后，农业农村部联合国家统计局对 2016 年渔业统计数据进行了调整。调整以农业普查结果为依据，对各省（自治区、直辖市）2016 年水产养殖面积进行适当核定修正，并以各省（自治区、直辖市）2016 年水产养殖面积、从业人员、水产苗种等指标数据为参考依据，综合测算核定各省（自治区、直辖市）2016 年水产品产量。并以此为基数，参考渔业统计年报中各年度间的产量调整比例，对 2012—2015 年的水产品产量数据进行了相应调整。

附录 2

调整后历年产量对照表（一）

单位：万吨

年份	调整前	调整后	其 中				
			海洋捕捞	远洋渔业	海水养殖	淡水捕捞	淡水养殖
1993	2 152.31	2 152.31	795.53	56.22	540.23	112.07	648.26
1994	2 515.69	2 515.69	925.61	68.83	604.80	126.79	789.66
1995	2 953.04	2 953.04	1 054.07	85.68	721.51	151.02	940.76
1996	3 280.72	3 280.72	1 152.99	92.65	765.89	175.43	1 093.76
1997	3 601.78	**3 118.59**	1 092.73	103.70	691.66	163.45	1 067.04
1998	3 906.65	**3 382.66**	1 201.25	91.31	751.99	197.51	1 140.60
1999	4 122.43	**3 570.15**	1 203.46	89.91	851.89	197.95	1 226.94
2000	4 278.99	**3 706.23**	1 189.43	86.52	927.96	193.44	1 308.88
2001	4 382.09	**3 795.92**	1 155.64	88.49	989.38	186.23	1 376.20
2002	4 565.18	**3 954.86**	1 128.34	109.64	1 060.47	194.71	1 461.69
2003	4 706.11	**4 077.02**	1 121.20	115.77	1 095.86	213.28	1 530.92
2004	4 901.77	**4 246.57**	1 108.08	145.11	1 151.29	209.60	1 632.49
2005	5 101.65	**4 419.86**	1 111.28	143.81	1 210.81	220.97	1 733.00
2006	5 290.40	**4 583.60**	1 136.40	109.07	1 264.16	220.38	1 853.59
2007	4 747.52	4 747.52	1 136.03	107.52	1 307.34	225.64	1 970.99
2008	4 895.59	4 895.59	1 149.63	108.33	1 340.32	224.82	2 072.49
2009	5 116.40	5 116.40	1 178.61	97.72	1 405.22	218.39	2 216.46
2010	5 373.00	5 373.00	1 203.59	111.64	1 482.30	228.94	2 346.53
2011	5 603.21	5 603.21	1 241.94	114.78	1 551.33	223.23	2 471.93
2012	5 907.68	**5 502.14**	1 190.02	124.40	1 575.20	204.02	2 408.51
2013	6 172.00	**5 744.22**	1 191.99	135.70	1 664.65	204.17	2 547.69
2014	6 461.52	**6 001.92**	1 200.18	203.68	1 732.40	202.49	2 663.17
2015	6 699.64	**6 210.97**	1 216.81	218.93	1 796.56	199.34	2 779.34
2016	6 901.25	**6 379.48**	1 187.20	198.75	1 915.31	200.33	2 877.89
2017		6 445.33	1 112.42	208.62	2 000.70	218.30	2 905.29
2018		6 457.66	1 044.46	225.75	2 031.22	196.39	2 959.84
2019		6 480.36	1 000.15	217.02	2 065.33	184.12	3 013.74
2020		6 549.02	947.41	231.66	2 135.31	145.75	3 088.89
2021		6 690.29	951.46	224.65	2 211.13	119.78	3 183.27
2022		6 865.91	950.85	232.98	2 275.70	116.62	3 289.76
2023		7 116.17	957.49	232.23	2 395.60	116.84	3 414.01
2024		7 357.59	962.32	218.91	2 527.64	116.32	3 532.39

注：根据第二次全国农业普查结果调整了 1997—2006 年产量，根据第三次全国农业普查结果调整了 2012—2016 年产量。

调整后历年产量对照表（二）

单位：万吨

年份	调整前	调整后	海水产品	捕捞	养殖	淡水产品	捕捞	养殖
1993	2 152.31	2 152.31	1 391.98	851.75	540.23	760.33	112.07	648.26
1994	2 515.69	2 515.69	1 599.24	994.44	604.80	916.45	126.79	789.66
1995	2 953.04	2 953.04	1 861.26	1 139.75	721.51	1 091.78	151.02	940.76
1996	3 280.72	3 280.72	2 011.53	1 245.64	765.89	1 269.19	175.43	1 093.76
1997	3 601.78	3 118.59	1 888.10	1 196.44	691.66	1 230.50	163.45	1 067.04
1998	3 906.65	3 382.66	2 044.55	1 292.56	751.99	1 338.11	197.51	1 140.60
1999	4 122.43	3 570.15	2 145.26	1 293.37	851.89	1 424.89	197.95	1 226.94
2000	4 278.99	3 706.23	2 203.91	1 275.95	927.96	1 502.32	193.44	1 308.88
2001	4 382.09	3 795.92	2 233.50	1 244.12	989.38	1 562.42	186.23	1 376.20
2002	4 565.18	3 954.86	2 298.45	1 237.98	1 060.47	1 656.40	194.71	1 461.69
2003	4 706.11	4 077.02	2 332.82	1 236.97	1 095.86	1 744.20	213.28	1 530.92
2004	4 901.77	4 246.57	2 404.47	1 253.18	1 151.29	1 842.09	209.60	1 632.49
2005	5 101.65	4 419.86	2 465.89	1 255.08	1 210.81	1 953.97	220.97	1 733.00
2006	5 290.40	4 583.60	2 509.63	1 245.47	1 264.16	2 073.97	220.38	1 853.59
2007	4 747.52	4 747.52	2 550.89	1 243.55	1 307.34	2 196.63	225.64	1 970.99
2008	4 895.59	4 895.59	2 598.28	1 257.96	1 340.32	2 297.31	224.82	2 072.49
2009	5 116.40	5 116.40	2 681.55	1 276.33	1 405.22	2 434.85	218.39	2 216.46
2010	5 373.00	5 373.00	2 797.53	1 315.23	1 482.30	2 575.47	228.94	2 346.53
2011	5 603.21	5 603.21	2 908.05	1 356.72	1 551.33	2 695.16	223.23	2 471.93
2012	5 907.68	5 502.14	2 889.61	1 314.41	1 575.20	2 612.53	204.02	2 408.51
2013	6 172.00	5 744.22	2 992.35	1 327.70	1 664.65	2 751.87	204.17	2 547.69
2014	6 461.52	6 001.92	3 136.25	1 403.85	1 732.40	2 865.66	202.49	2 663.17
2015	6 699.64	6 210.97	3 232.29	1 435.73	1 796.56	2 978.67	199.34	2 779.34
2016	6 901.25	6 379.48	3 301.26	1 385.95	1 915.31	3 078.22	200.33	2 877.89
2017		6 445.33	3 321.74	1 321.04	2 000.70	3 123.59	218.30	2 905.29
2018		6 457.66	3 301.43	1 270.21	2 031.22	3 156.23	196.39	2 959.84
2019		6 480.36	3 282.50	1 217.17	2 065.33	3 197.86	184.12	3 013.74
2020		6 549.02	3 314.38	1 179.07	2 135.31	3 234.64	145.75	3 088.89
2021		6 690.29	3 387.24	1 176.11	2 211.13	3 303.05	119.78	3 183.27
2022		6 865.91	3 459.53	1 183.83	2 275.70	3 406.38	116.62	3 289.76
2023		7 116.17	3 585.32	1 189.72	2 395.60	3 530.85	116.84	3 414.01
2024		7 357.59	3 708.87	1 181.23	2 527.64	3 648.72	116.32	3 532.39

附录3

渔业统计指标解释

第一章　水产品产量

第1条　水产品特征及产量统计范围

水产品指渔业（捕捞和养殖）生产活动的最终有效成果，它具有以下特征：

（1）它是渔业生产活动的成果。水产品既是渔业生产的劳动对象，也是渔业生产的劳动成果，它包括全部海淡水鱼类、甲壳类（虾、蟹）、贝类、头足类、藻类和其他类渔业产品。

（2）它是渔业生产活动的最终成果。渔业生产过程中的中间成果，如鱼苗、鱼种、亲鱼、转塘鱼、存塘鱼和自用作饵料的产品，不是最终成果，不能统计在水产品产量中。

（3）它是渔业生产活动的最终有效成果。水产品在上岸前已经腐烂变质，不能供人食用或加工成其他制品的，不统计在水产品产量中。

第2条　产量统计年度和统计者

（1）年水产品产量按日历年度计算。即从每年1月1日至12月31日止已从养殖水域捕捞起水或者已从天然水域捕捞并已返航卸港的水产品均统计在年产量中，有的生产渔船在外地收港卸鱼或者在海上由收购船扒载收购的，也按到港计算产量。

（2）水产品产量统计中，养殖产量按照水域所在地统计，国内捕捞产量按照渔船所属地统计，远洋渔业产量按照远洋渔业管理办法进行统计。

第3条　产量计量标准

除海蜇按三矾后的成品计量、各种藻类按干品计量外，其余各种水产品均按捕捞起水时鲜品实重（原始重量）计量。此外，供观赏的水生动物按个体计算。

第4条　养殖产量与捕捞产量划分原则

凡人工养殖并已起水的水产品数量为养殖产量，凡捕捞天然生长的水产品数量为捕捞产量。

（1）凡是人工投放苗种（不包括灌江纳苗）并进行人工饲养管理的淡水养殖水域中捕捞的水产品产量计算为淡水养殖产量，否则为淡水捕捞产量。

（2）凡是人工投放苗种或天然纳苗并进行人工饲养管理的海水养殖水域中捕捞的水产品产量计算为海水养殖产量，否则为海洋捕捞产量。

（3）稻田养殖起水的水产品，也计算为淡水养殖产量。

第5条　水产品分类

水产品分为海水产品和淡水产品两大类。

一、海水产品

海水产品包括海洋捕捞产品、海水养殖产品和远洋渔业产品。其中，海洋捕捞产品产量指国内海洋捕捞产品产量不包括远洋渔业产量。

1. 海洋捕捞产品：包括海洋捕捞鱼类、甲壳类（虾、蟹）、贝类、藻类、头足类和其他类。

（1）海洋捕捞鱼类：海鳗、鳓鱼、鲱鱼、沙丁鱼、鲥鱼、石斑鱼、鲷鱼、蓝圆鲹、白姑鱼、黄姑鱼、鮸鱼、大黄鱼、小黄鱼、梅童鱼、方头鱼、玉筋鱼、带鱼、金线鱼、梭鱼、鲐鱼、鲅鱼、金枪鱼、鲳鱼、马面鲀、竹筴鱼和鲻鱼等。

（2）海洋捕捞甲壳类：虾和蟹。虾包括毛虾、对虾、鹰爪虾、虾蛄等。蟹包括梭子蟹、青蟹和蟳等。

（3）海洋捕捞贝类：蛤、蛏、蚶和螺等。

（4）海洋捕捞藻类：江蓠、石花菜和紫菜等。

（5）海洋捕捞头足类：乌贼、鱿鱼和章鱼等。

（6）海洋捕捞其他类：海蜇等。

2. 海水养殖产品：包括海水养殖鱼类、甲壳类（虾、蟹）、贝类、藻类、其他类。

（1）海水养殖鱼类：鲈鱼、鲆鱼、大黄鱼、军曹鱼、鲕鱼、鲷鱼、美国红鱼、河鲀、石斑鱼和鲽鱼等。

（2）海水养殖甲壳类：虾和蟹。虾包括南美白对虾、斑节对虾、中国对虾和日本对虾等。蟹包括梭子蟹和青蟹等。

（3）海水养殖贝类：牡蛎、鲍、螺、蚶、贻贝、江珧、扇贝、蛤和蛏等。

（4）海水养殖藻类：海带、裙带菜、紫菜、江蓠、麒麟菜、石花菜、羊栖菜和苔菜等。

（5）海水养殖其他类：海参、海胆、海水珍珠和海蜇等。

3. 远洋渔业产品：见第27条。

二、淡水产品

淡水产品包括淡水养殖产品和淡水捕捞产品。

1. 淡水养殖产品：包括鱼类、甲壳类（虾、蟹）、贝类、藻类和其他类产品。

（1）淡水养殖鱼类：鲟鱼、鳗鲡、青鱼、草鱼、鲢鱼、鳙鱼、鲤鱼、鲫鱼、鳊鲂、泥鳅、鲇鱼、鮰鱼、黄颡鱼、鲑鱼、鳟鱼、河鲀、短盖巨脂鲤、长吻鮠、黄鳝、鳜鱼、鲈鱼、乌鳢和罗非鱼等。

（2）淡水养殖甲壳类：虾和河蟹，其中虾包括罗氏沼虾、青虾、克氏原螯虾和南美白对虾等。

（3）淡水养殖贝类：河蚌、螺、蚬等。

（4）淡水养殖藻类：即螺旋藻。

（5）淡水养殖其他类产品：龟、鳖、蛙和珍珠等。

（6）观赏鱼统计按"条"计量，其重量不计入淡水养殖总产量。

2. 淡水捕捞产品：包括鱼类、甲壳类（虾、蟹）、贝类、藻类和其他类。其他类中包括丰年虫等。

第6条　海洋捕捞产量（按海区、渔具分类）

1. 按捕捞海域分为渤海、黄海、东海和南海区产量。渤海、黄海、东海、南海区划分界线：

（1）渤海：东以辽宁老铁山西角经庙岛群岛至蓬莱角连线与黄海为界。

（2）黄海：南以长江口北角至韩国济州岛西南端连线与东海为界，东至朝鲜半岛与朝鲜海峡。

（3）东海：南以闽粤省界经东山岛南端至台湾省南端的鹅銮鼻灯塔连线与南海为界，东至对马海峡日本琉球群岛与我国台湾省。

（4）南海：东以巴士海峡、巴林塘海峡、菲律宾群岛与太平洋为界，南至加里曼丹，西临中南半岛及马来半岛。

2. 按捕捞渔具分为拖网、围网、刺网、张网、钓具和其他渔具产量。

（1）拖网：单拖和双拖。

（2）围网：单船围网、双船围网和多船围网。

（3）刺网：定置刺网、漂流刺网、包围刺网和拖曳刺网。

（4）张网：单桩、双桩、多桩、单锚、双锚、船张、樯张和并列张网。

（5）钓具：漂流延绳钓、定置延绳钓、曳绳钓和垂钓（如鱿钓）。

（6）其他渔具：地拉网、敷网、抄网、掩罩、陷阱、耙刺、笼壶等类型。

第 7 条　海水养殖产量（按养殖水域分类）

（1）海上养殖：在低潮位线以下从事海水养殖生产。

（2）滩涂养殖：在潮间带间从事海水养殖生产。

（3）其他养殖：在高潮位线以上从事海水养殖生产。

第 8 条　淡水养殖产量（按养殖水域分类）

按养殖水面类型不同，分为池塘、湖泊、水库、河沟、稻田及其他养殖方式。

第 9 条　部分养殖方式分类产量

（1）普通网箱：网箱一般由合成纤维如尼龙、聚氯乙烯等网线编织而成，装置在网箱架上。普通网箱面积均为数平方米到数十平方米。一般安置在港湾、沿岸、湖泊、水库和河沟等水域。

（2）深水网箱：深水网箱是一种大型海水网箱，主要有重力式聚乙烯网箱、浮绳式网箱和碟形网箱三种类型，具有抗风浪性能。网箱水体均为数百立方米到数千立方米。深水网箱一般安置在水深 20 米以下的海域。

（3）工厂化：工厂化养殖即按工艺过程的连续性和流水性的原则，通过机械或自动化设备，对养殖水体进行水质和水温的控制，保持最适宜于鱼类生长和发育的生态条件，使鱼类的繁殖、苗种培育、商品鱼的养殖等各个环节能相互衔接，形成一个独自的生产体系，以进行无季节性的连续生产，达到高效率、高速度的养殖目的。

第二章　水产养殖面积

第 10 条　水产养殖面积

水产养殖面积指在报告期内实际用于养殖水产品的水面面积，包括海水养殖面积和淡水养殖面积。在报告期内无论是否全部收获或尚未收获其产品，均应统计在养殖面积中。但有些水面不投放苗种或投放少量苗种，只进行一般管理的，不统计为养殖面积。养殖面积法定计量单位为公顷。

第 11 条　海水养殖面积

海水养殖面积指利用天然海水养殖水产品的水面面积，包括海上养殖、滩涂养殖、其他养殖。工厂化、深水网箱不计入养殖面积。

第 12 条　淡水养殖面积

淡水养殖面积指在淡水水域养殖水产品的水面面积，包括池塘、湖泊、水库、河沟和其他五部分。工厂化、稻田养殖不计入养殖总面积。

第 13 条　养殖面积核算

（1）海上、滩涂、池塘、湖泊、水库、河沟等方式养殖面积按照实际使用的水面计算，计量单位为公顷。

（2）普通网箱按照实际占用水面计算面积，计量单位为米^2。

（3）工厂化养殖：按照实际养殖水体的体积计算，计量单位为米^3。

（4）深水网箱：按照实际占用水的体积计算，计量单位为米^3。

（5）在江河、湖泊、水库投放苗种或灌江纳苗、增殖放流的水域不统计面积；湖泊、水库、河沟虽有专人管理，或有苗种投放，但人工养殖水产品起捕量不足 30% 的水面也不统计为养殖面积（其产量列入捕捞产量）。

第三章　渔业经济总产值和增加值

第 14 条　渔业经济总产值和增加值

渔业经济总产值和增加值指以货币表现的核算期内渔业经济活动的总产出和总成果，包括了全社会渔业、渔业工业和建筑业、渔业流通和服务业。

第 15 条　渔业产值和增加值

渔业产值指以货币表现的核算期内捕捞和养殖水产品的总产出和总成果。具体包括人工养殖的水生动物和海藻的产值、天然水生动物和天然海藻采集的产值，即包括海洋捕捞、海水养殖、淡水捕捞、淡水养殖产品的产出。其计算方法：水产品产量分别乘以其产品的现行价格。

渔业增加值指以货币表现的核算期内全社会从事渔业捕捞和养殖生产活动所创造的最终产品的价值，其计算方法：渔业总产出扣除渔业中间投入。

渔业产值和增加值的数据取自同级统计部门。

第 16 条　渔业工业、建筑业产值和增加值

渔业工业、建筑业产值和增加值指以货币表现的核算期内全社会从事水产品加工业、渔用机具制造业、渔用饲料工业、渔用药物制造业、渔业建筑业等的产出和成果。

水产品加工业产值等于加工产品量乘以现行价格，其增加值采用食品加工业增加值率进行推算。

渔用机具制造业产值、增加值等于渔船渔机修造业、渔用绳网制造业和其他设备制造业的产值、增加值之和；其产值计算方法主要采用"工厂法"计算，增加值的计算方法采用统计部门"规模以上工业企业总产值表"中的相应指标增加值率进行推算。

渔用饲料工业产值主要采用"工厂法"，增加值是渔用饲料工业现行总产出乘以"规模以上"饲料工业现价增加值率。

渔用药物制造业产值取同级相关部门统计年报表中的有关数据，其增加值等于渔用药物总产出乘以"规模以上"生物制药业现价增加值率。

渔业建筑业产值计算方法是从建筑产品所有方的建筑工程造价角度入手，依据投资完成额计算，其增加值采用建筑业增加值率来推算。

第 17 条 渔业流通和服务业产值和增加值

渔业流通和服务业包括渔业流通业，渔业（仓储）运输业，休闲渔业，渔业文化教育、科学技术和信息等产值和增加值。

渔业流通业产值以营业额来计算，其增加值等于渔业流通业产值乘以批发零售贸易业现价增加值率进行推算。

渔业（仓储）运输业产值即营业收入，其增加值计算方法与建筑业相同。

休闲渔业产值包括涉渔的一切旅游服务业产值，以营业额计算，其增加值用旅游业增加值率进行推算。

渔业文化教育、科学技术和信息等产值及其增加值根据财政部门《一般预算支出决算明细表》和有关资料进行推算。

第 18 条 计算总产值的价格

计算总产值的价格按当年价格计算。

当年价格就是当年出售产品时的实际价格。水产品当年价格以各地渔业生产单位初次出售的价格的平均价格为依据；工业产品以报告期内的产品出厂价格为当年价格。商业以零售价格为当年价格。

第四章 渔业船舶拥有量

第 19 条 渔业船舶

渔业船舶指从事渔业生产的船舶以及为渔业生产服务的船舶，按有无推进动力分为机动渔业船舶和非机动渔业船舶。按生产性质分为生产渔船和辅助渔船。

国内海洋捕捞渔业船舶转为远洋渔业船舶的当年，应纳入远洋渔业船舶统计范围内，在国内渔船统计范围中不再进行统计。

第 20 条 机动渔业船舶

机动渔业船舶指依靠本船主机动力来推进的渔业船舶，分为渔业生产船和渔业辅助船。

渔业生产船是直接从事渔业捕捞和养殖活动的船舶统称。从事捕捞业活动的渔船为捕捞船，从事养殖业活动的渔船为养殖船。捕捞船，按主机总功率分为：441 千瓦（含）以上、44.1（含）～441 千瓦、44.1 千瓦以下三类；按船长分为：24 米（含）以上、12（含）～24 米、12 米以下；按作业方式分为拖网、围网、刺网、张网、钓具、其他共 6 类，有关解释请参照第 6 条的相关内容。

渔业辅助船指从事各种加工、贮藏、运输、补给、渔业执法等渔业辅助活动的渔业船舶统称，包括水产运销船、冷藏加工船、油船、供应船、科研调查船、教学实习船、渔港工程船、拖轮、驳船和渔业行政执法船等。其中捕捞辅助船指水产运销船、冷藏加工船、油船、供应船等为渔业捕捞生产提供服务的渔业船舶。钓具、围网等作业渔船中的子船纳入捕捞辅助船统计范围。

机动渔船年末拥有量应按数量、吨位、功率分别统计，各计量单位规定如下：

（1）数量的单位为"艘"，"艘"应按船舶单元计算，子母式作业船应分别统计。

（2）吨位的单位为"总吨"，"总吨"应为丈量确定的船舶总容积，每 2.83 米^3 为 1 总吨。

（3）功率的单位为"千瓦"，"千瓦"应按主机总功率计算。1 马力等于 0.735 千瓦。

第 21 条　非机动渔船

非机动渔船指无配置机器作为动力的渔船，依靠人力、风力、水力或其他船只带动的渔业船舶，包括风帆船、手摇船等。

第五章　渔业灾情

第 22 条　渔业灾情

渔业灾情指由于遭受自然灾害而造成水产品产量减少、苗种损失、设施损坏、水域污染以及人员伤亡等。

水产品损失指由于自然灾害造成的水产品损失数量和金额。

受灾养殖面积指由于自然灾害造成水产品产量损失在 10% 以上的养殖面积。

渔业设施损毁指由于台风（洪涝）造成池塘、网箱（鱼排）、围栏、渔船损坏或沉没、堤坝、泵站、涵闸、码头、护岸、防波堤、工厂化养殖场及苗种繁育场等被毁，从而造成的渔业设施毁坏的数量和金额。

人员损失指由于自然灾害而造成人员失踪、死亡和重伤的人数。

病害损失指由于自然灾害导致水产品发病而造成的水产品损失数量和金额。

第六章　渔业人口与渔业从业人员

第 23 条　渔业乡和渔业村

在农村中，从事渔业生产与经营的人员占全部从业人员 50% 以上或渔业产值占农业产值的比重 50% 以上的乡、村，即为渔业乡和渔业村；达不到上述标准的，但一直是以经营渔业为主，并经上级主管部门批准定为渔业乡、村的，亦可统计为渔业乡和渔业村。

第 24 条　渔业户（家庭）

渔业户指农（渔）村和城镇住户中主要从事渔业生产与经营的家庭。凡家庭主要劳动力或多数劳动力从事渔业生产与经营的时间占全年劳动时间 50%（6 个月）以上或渔业纯收入占家庭纯收入总额 50% 以上者均可统计为渔业户。

第 25 条　渔业人口

渔业人口指依靠渔业生产和相关活动维持生活的全部人口，包括实际从事渔业生产和相关活动的人口及其赡（抚）养的人口，具体如下：

（1）直接从事渔业生产和相关活动的在业人口。

（2）兼营渔业和其他非渔业劳动者中，凡从事渔业生产和相关活动的时间全年累计达到或超过 3 个月者，或者虽全年累计不足 3 个月，但渔业纯收入占纯收入总额比重超过 50% 者。

（3）由从事渔业生产和相关活动的人口赡（抚）养的人口。

（4）在既有渔业劳动者又有非渔业劳动者的家庭中，根据渔业与非渔业纯收入比例分摊的被渔业劳动者赡（抚）养的人口。

渔业人口中的传统渔民：指凡渔业乡、渔业村的渔业人口均可称为传统渔民。

第 26 条　渔业从业人员

渔业从业人员：全社会中 16 岁以上，有劳动能力，从事一定渔业劳动并取得劳动报酬或经营收入的人员。

渔业专业从业人员：全年从事渔业活动 6 个月以上或 50% 以上的生活来源依赖渔业活动的渔业从业人员。

渔业兼业从业人员：全年从事渔业活动 3～6 个月或 20%～50% 的生活来源依赖渔业活动的渔业从业人员。

渔业临时从业人员：全年从事渔业活动 3 个月以下或 20% 以下的生活来源依赖渔业活动的渔业从业人员。

第七章　远洋渔业

第 27 条　远洋渔业产量和远洋渔船

远洋渔业产量：由各远洋渔业企业和各生产单位按我国远洋渔业项目管理办法组织的远洋渔船（队）在非我国管辖水域（外国专属经济区水域或公海）捕捞的水产品产量。中外合资、合作渔船捕捞的水产品只统计按协议应属于中方所有的部分。

远洋渔船：按上述办法、协议，在上述水域进行常年或季节性生产的渔船。

第八章　水产苗种

第 28 条　苗种

鱼苗：卵黄囊基本消失，鱼鳔充气，能平游主动摄食的仔鱼，包括人工孵化和江河湖海港湾采捕的天然鱼苗。

鱼种：鱼苗经培育后，发育至全体鳞片，鳍条长全，外观具有成鱼基本特征的幼鱼，一般全长在 1.7～23.3 厘米，因出塘季节和培育期的不同，又俗称为夏花、冬片、春片、秋片、仔口和老口。

扣蟹：蟹苗经数次蜕皮变成外形接近蟹形的仔蟹，再经过 4～5 个月饲养培育成每千克 100～200 只性腺未成熟的幼蟹。

第 29 条　苗种数量统计原则

由苗种孵化或育成的单位归属统计，从他处购进或以其他方式取得苗种，不再进行统计。

第九章　水产加工业

第 30 条　水产加工企业

水产加工企业：从事水产品保鲜（保活）、保藏和加工利用的企业。

规模以上企业：年主营业务收入 500 万元以上的水产加工企业。

水产品加工能力：年加工处理水产品的总量。

第 31 条　水产冷库

水产冷库指主要用于水产品冻结、冷藏和制冰的场所，一般以低温冷藏库数作为冷库座数。

冷库的冻结能力、冷藏能力、制冰能力均指冷库建造设计的及后来改扩建新增的生产能力之和。

第 32 条　水产加工品

水产加工品指以水产品为原料，采用各种食品贮藏加工、水产综合利用技术和工艺所生产的产品，如冷冻冷藏品、腌制品、干制品、熏制品、罐头食品、各种生熟小包装食品，以及鱼油、鱼肝油、多烯脂肪酸制剂、饲料鱼粉、藻胶、碘、贝壳工艺品等。

一、水产冷冻品

水产冷冻品指为了保鲜，将水产品进行冷冻加工处理后得到的产品，包括冷冻品和冷冻加工品，但不包括商业冷藏品。

冷冻品泛指未改变其原始性状的粗加工产品，如冷冻全鱼、全虾等。

冷冻加工品指采用各种生产技术和工艺，改变其原始性状、改善其风味后制成的产品，如冻鱼片、冻虾仁、冷冻烤鳗、冻鱼籽等。

二、鱼糜制品和干腌制品

鱼糜制品指将鱼（虾、蟹、贝等）肉（或冷冻鱼糜）绞碎经配料、擂溃成为稠而富有黏性的鱼肉浆（生鱼糜），再做成一定形状后进行水煮（油炸或焙烤烘干）等加热或干燥处理而制成的食品，如鱼糜、鱼香肠、鱼丸、鱼糕、鱼饼、鱼面、模拟蟹肉等。

干腌制品指以水产品为原料，经脱水（烘干、烟熏、焙烤等）或添加腌制剂（盐、糖、酒、糟）制成具有保藏性和良好风味的产品，如烤鱼片、鱿鱼丝、鱼松、虾皮、虾米、海珍干品，以及海蜇、腌鱼、烟熏鱼、糟鱼、醉虾蟹、醉泥螺、卤甲鱼、水生动植物调味品（虾蟹酱、蚝油、鱼酱油）等。

藻类加工品指以海藻为原料，经加工处理制成具有保藏性和良好风味的方便食品，如海带结、干紫菜、调味裙带菜等。

三、水产罐制品

水产罐制品指以水产品为原料按照罐头工艺加工制成的产品，包括硬包装和软包装罐头，如鱼类罐头、虾贝类罐头等。

四、鱼粉

鱼粉指用低值水产品及水产品加工废弃物（如鱼骨、内脏、虾壳等）等为主要原料生产而成的加工品。

五、鱼油制品

鱼油制品指从鱼肉或鱼肝中提取油脂，并制成的产品，如粗鱼油、精鱼油、鱼肝油、深海鱼油等。

六、其他水产加工品

其他水产加工品指除上述加工产品之外的加工品统称，如助剂和添加剂（蛋白胨、褐藻胶、碘、甘露醇、卡拉胶、琼胶等）、珍珠加工品、贝壳工艺品、鱼酒、鱼奶等。

第十章　渔民家庭当年收支情况调查

第 33 条　家庭常住人口数

家庭常住人口数指全年经常在家或在家居住 6 个月以上，而且经济和生活与本户连成一体的人口数。外出从业人员在外居住时间虽然在 6 个月以上，但收入主要带回家中，经济与本户连为一体，仍视为家庭常住人口；在家居住，生活和本户连成一体的国家职工、退休人员也为家庭常住人口。但是现役军人、中专及以上（走读生除外）的在校学生，以及常年在外（不包括探亲、看病等）且已有稳定的职业与居住场所的外出从业人员，不应当作家庭常住人口。

第 34 条　家庭渔业从业人员人数

家庭渔业从业人员人数指家庭常住人口中从事渔业生产、销售、运输等活动累计 6 个月以上的人数。

第 35 条　全年总收入

全年总收入指调查期内被调查对象从各种来源渠道得到的收入总和。按收入的性质划分为家庭经营收入、工资性收入、财产净收入、转移性收入和政府生产补贴（惠农收入）。

第 36 条　家庭经营收入

家庭经营收入指以家庭为单位进行生产经营和管理而获得的收入，包括渔业（水产品及鱼苗）收入、其他家庭经营收入。

渔业收入：水产品及鱼苗用于市场交易的现金收入或自产自食的实物收入。市场交易的现金收入等于交易的水产品及鱼苗或与水产品有关的劳务活动量乘以市场价格，只要交易发生，包括现款和应收款都要计算为收入；自产自食的实物收入，按自食水产品数量乘以相应水产品成本价格计算。如某个水产品的市场平均价格为 10 元/千克，用于计算该水产品市场交易的现金收入；成本价格为 6 元/千克，用于计算自产自食的该水产品实物收入。

经营其他行业收入：渔民家庭自主经营的除渔业外的其他行业，如种植业、畜牧业、林业等第一产业，或从事第二、第三产业所取得的经营收入。第一产业的收入包括现金和实物两个部分，计算方法与渔业收入类似；第二、第三产业只计算现金部分。

第 37 条　工资性收入

工资性收入指渔民家庭中从业人员通过各种途径得到的全部劳动报酬和各种福利，包括在渔业生产劳动中获得的工资和在其他行业劳动中获得的工资。

工资的形式包含计时计件劳动报酬、奖金、津贴，以及单位代个人缴纳的养老保险、医疗保险、失业保险、房租费、水电费、托儿费、医疗费等，单位定期或不定期发放过节费、调动工作的安家费、相当于现金的通用购物卡、免费或低价提供的实物产品和服务折价、工作餐补贴折价，零星或兼职劳动中得到现金、实物补贴折价等，还包括股份制企业派发或奖励给员工的股票和期权。

工资按照收付实现制计算，只要是在调查期内实际得到的工资，无论该工资是补发还是预发，都应归为本期得到的工资收入。本调查期内应得但因拖欠等原因未得到的工资不应计入。

工资不包括因员工或员工家属大病、意外伤害、意外死亡等原因支付给员工或其遗属的抚恤金和困难补助金，应该将其列入转移性收入中的社会救济和补助收入。

第 38 条　财产净收入

财产净收入指渔民家庭住户或成员将其所拥有的金融资产和自然资源交由其他机构单位、住户或个人支配而获得的回报并扣除相关的费用之后得到的净收入。财产净收入包括利息净收入、红利收入、储蓄性保险净收益和转让承包土地或水面经营权租金净收入等。

利息净收入指利息收入扣除该住户或个人付给债权方的生活性借贷款利息支出后得到的净值。利息收入指按照双方事先约定的金融契约条件，借出金融资产（存款、债券、贷款和其他应收账款）的住户或个人从债务方得到的本金之外的附加额。利息收入是应得收入，包括各类定期和活期存款利息、债券利息、个人借款利息等，银行代扣的利息所得税也包括在内。

红利收入指住户或个人作为股东将其资金交由公司支配或处置而有权获得的收益。包括股票发行公司按入股数量定期分配的股息、年终分红以及从集体财产入股或其他投资分配得到的股息和红利。股票买卖结算后获得的收益（含亏损）不包含在内。

储蓄性保险净收益指住户或个人参加储蓄性保险，扣除缴纳的保险本金及相关费用后，所获得的保险净收益，不包括保险责任人对保险人给予的保险理赔收入。

转让承包土地或水面经营权租金净收入指住户将拥有经营权或使用权的土地转让给其他机构单位或个人获得的补偿性收入扣除相关成本支出后得到的净收入，也包括从其他机构单位或个人获得的实物形式的收入。

其他财产净收入指住户所得的除上述以外的其他财产净收入扣除相关的维护成本之后得到的净收入。如通过在国外购买的土地、矿产等自然资源获得的财产净收入等。

财产净收入不包括将非金融资产（如住房、生产经营用房、机械设备、专利、专有技术、商标商誉等）交由其他机构单位、住户或个人支配而获得的回报，应该计入"经营净收入"。财产净收入也不包括转让资产所有权的溢价所得，这些是"非收入所得"，不包含在本调查中。

第 39 条　转移性收入

转移性收入指国家、单位、社会团体对住户的各种经常性转移支付和住户之间的经常性收入转移。它包括政府、非行政事业单位、社会团体对居民转移的养老金或退休金、社会救济和补助、惠农补贴、政策性生活补贴、救灾款、经常性捐赠和赔偿以及报销医疗费等；住户之间的赡养收入、经常性捐赠和赔偿，以及农村地区（村委会）在外（含国外）工作的本住户非常住成员寄回带回的收入等。

转移性收入不包括住户之间的实物馈赠。

养老金或离退休金指根据国家有关文件规定或合同约定，在劳动者年老或丧失劳动能力后，根据他们对社会、单位所作的贡献和所具备的享受养老保险资格或退休条件，按月以货币形式或实物产品及服务给予的待遇，主要用于保障因年老或疾病丧失劳动能力的劳动者的基本生活需要。包括离退休人员的养老金或离退休金、生活补贴，农民享有的新型农村养老保险金，城镇居民享有的社会养老保险金，国家或地方政府给予城镇无保障老人的养老金，因工致伤离退休人员的护理费、退休人员异地安家补助费、取暖补贴、医疗费、旅游补贴、书报费、困难补助以及在原工作单位所得的各种其他收入，相当于现金的购物卡券也包含在内。也包括发给的实物和购买指定物品的票证、购物卡券，应同时计入相应的实物产品和服务项目中。

社会救济和补助指国家、机关企事业单位、社会团体和个人对各类特殊家庭、人员提供的特别津贴。包括国家对享受城镇居民最低生活保障待遇的家庭发放的最低生活保障金、对农村五保户发放的五保救助金、国家和社会及机构单位对特殊困难家庭给予的困难补助、扶贫款、救灾款、国家或机构单位向由于失去工作能力或意外死亡等原因而失去工作的职工或其遗属定期发放的抚恤金等。也包括发给的实物和购买指定物品的票证、购物卡券，应同时计入相应的实物产品和服务项目中。

惠农补贴指政府为扶持农业、林业、牧业、渔业和农林牧渔服务业，以现金或实物形式发放的各种生产补贴。现金形式发放的补贴包括粮食直补、购置和更新大型农机具补贴、良种补贴、购买生产资料综合补贴、退耕还林还草补贴、畜牧业补贴等生产性补贴。实物形式发放的补贴指政府低价或免费提供的相关产品和服务，如免费或低价提供的种子、农机具服务等。包括经营渔业的生产性补贴和经营其他产业的生产性补贴。在鱼塘改造中，如果是以渔民家庭为主进行投入建设，得到了政府补贴，计入渔民得到的惠农补贴；如果是政府直接奖励或投入改造建设，则按相关市场价格计入生产性固定资产。

政策性生活补贴指根据国家的有关规定，中央财政、各级地方财政给予家庭的相关政策性生活补贴。包括家电下乡和以旧换新等家电补贴、能源补贴、给农村寄宿制中小学生的生活补贴等；也包括其他低价或免费提供的实物产品和服务，如廉租房等。

报销医疗费指参加新型农村合作医疗、城镇职工基本医疗保险、（城镇）居民基本医疗保险、城乡居民大病保险的居民在购买药品、进行门诊治疗或住院治疗之后，从社保基金或单位报销的医疗费。报销医疗费属于一种实物收入。报销医疗费包括使用社保卡进行医疗服务付费时直接扣减的、由社保基金支付的部分。从商业医疗保险获得报销的医疗费不包括在内。

外出从业人员寄回带回收入指在外（含国外）工作的本住户非常住成员寄回、带回的收入。无论是以现金、汇款、转账、银行卡共享等任何形式寄回、带回的收入，都应计入。

赡养收入指亲友因赡养和抚养义务经常性给予住户及其成员的现金和实物收入。

其他经常转移收入指住户从除上述各项转移性收入以外得到的其他经常性转移收入。如经常性捐赠收入、经常性赔偿收入、失业保险金、亲友搭伙费等。

经常性捐赠收入指住户从他人、组织、社会团体处得到的经常性捐献或赠送收入。这种捐赠收入带有义务性和经常性，不包括遗产及一次性馈赠收入、婚丧嫁娶礼金所得、压岁钱等。捐赠收入与赡养收入的区别：赠送是对本住户的成员无赡养义务的其他住户或个人给本住户及其成员的现金。本住户成员内部间的捐赠收入和捐赠支出均不必记账。

经常性赔偿收入指住户及其成员因受到财产损失、人身伤害、精神损失得到的国家、单位、个人定期支付的经常性赔偿，不包括一次性赔偿所得。

第 40 条　全年总支出

全年总支出指渔民家庭全年用于生产、生活和再分配的全部支出。包括：家庭经营费用支出、生产性固定资产折旧、税费支出、生活消费支出、转移性支出。

第 41 条　家庭经营费用支出

家庭经营费用支出指以家庭为单位从事生产经营活动而消费的商品和服务、自产自用产品。包括经营渔业费用支出和经营其他行业费用支出。

经营渔业费用支出包括燃料、水电及加冰费用、雇工费用、饲料费用、购买种苗费用，以及加工费用、修理费、承包或租用费等其他生产支出。其中燃料、水电费指用于生产的，不包括用于生活的支出；修理或改造费用等，指额度在 1 000 元以下的日常渔需物质支出，在此价值量之上的如渔具的大修理、鱼塘清淤、改造等较大规模投入，则按量按价计入固定资产。

经营其他行业费用支出指从事除渔业经营外的其他行业，如种植业、畜牧业、林业等第一产业，或从事第二、第三产业经营的支出。其计算方法参考经营渔业支出。

第 42 条　生产性固定资产原价及折旧

生产性固定资产指使用年限在 2 年及以上、单位价值在 1 000 元以上的房屋建筑物、机器设备、器具工具、役畜、产品畜等资产，其中渔业生产性固定资产包括生产用车船、精养鱼池、大型网具、防逃设施、涵闸、泵站等。

生产性固定资产原价指固定资产当初的购进价、新建价或开始转为固定资产的价值。自繁自养的幼畜成龄转作役畜、产品畜、种畜，按市场同类牲畜的平均价格计价。国家奖励和外单位赠送的固定资产按购置同类固定资产的价格参照其新旧程度酌情计价。

渔民家庭的生产性固定资产折旧按农业生产性固定资产折旧方法处理，即 15 年的使用期限。

第 43 条　税费支出

税费支出指渔民家庭以现金和实物形式缴纳的从事生产经营活动的各种税赋支出，以及承包费、一事一议款、以资代劳款、乡村提留、集资摊派等费用，包括经营渔业税费支出和经营其他产业税费支出。对于无法区分家庭产业经营活动的税费支出，按一定比例分摊。

第44条　转移性支出

转移性支出指渔民家庭或成员对国家、单位、住户或个人的经常性或义务性转移支付，包括缴纳的税款、各项社会保障支出、赡养支出、经常性捐赠和赔偿支出以及其他经常转移性支出等。

个人所得税指家庭或成员被扣缴的工资薪金所得、对企事业单位的承包经营承租经营所得、个体工商户的生产经营所得、劳务报酬所得、稿酬所得、特许权使用费所得、利息股息红利所得、财产租赁所得、财产转让所得、偶然所得、经国务院财政部门确定征税的其他所得等个人所得的税款。生产税、消费税不在其内。

社会保障支出指家庭成员参加国家法律、法规规定的社会保障项目中由单位和个人共同缴纳的保障支出。包括养老保险、医疗保险、失业保险、工伤保险、生育保险以及其他社会保障支出。

赡养支出指家庭成员因赡养和抚养义务而付给亲友的经常性现金和定期的实物支出。现金赡养支出应按实际发生的金额计算，不论是从报告期收入中开支的，还是从银行存款、手存现金以及其他所得中开支的，均应包含在内。

其他经常转移支出指家庭或成员除缴纳的税款、社会保障支出、赡养支出以外的其他经常性转移支出，如经常性捐赠支出、经常性赔偿支出、各种罚款（如交通罚款）；政府部门向居民提供服务收取的服务费，如迁户口的办理费、办理身份证费，缴纳工会费、党费、团费以及学会团体组织费等。

经常性捐赠支出指家庭或成员赠予他人的经常性和带有义务性的现金支出，包括向寺庙的经常性捐款、定期资助贫困学生或贫困地区的款项、个人对公共设施建设的各类捐款，如解困基金、水利基金、防洪基金等，但不包括以商品或服务方式给予他人的价值额。婚丧嫁娶礼金支出及一次性馈赠支出如压岁钱、探望病人给予的礼金等不含在内。经常性捐赠支出应按实际发生的金额计算，不论是从报告期收入中开支的，还是从银行存款、手存现金以及其他所得中开支的，均应包括在内。

经常性赔偿支出指家庭或成员向因受到财产损失、人身伤害、精神损失的国家、单位、个人定期支付的赔偿支出，不包括一次性赔偿支出。

第45条　生活消费支出

生活消费支出指渔民家庭用于满足家庭日常生活消费需要的全部支出，包括伙食支出、烟酒支出、衣着支出、居住支出、生活用品支出、交通通信支出、教育文化娱乐支出、医疗保健支出、其他用品及服务支出。

伙食支出指渔民家庭住户购买粮、油、菜、肉、禽、蛋、奶、水产品、糖、饮料、干鲜瓜果等食品的支出，也包括在外饮食、餐馆外卖食品和其他饮食服务的支出，但不包括用于宠物食品的支出。

烟酒支出指渔民家庭住户用于烟草和酒类的支出。烟草包括卷烟、烟丝、烟叶。涵盖住户购买的所有烟草，包括在餐馆、酒吧等购买的烟草。不包括烟具。酒指用高粱、大麦、米、葡萄或其他水果发酵制成的含酒精饮料。主要有白酒、黄酒、葡萄酒、啤酒，包括低度酒精饮料或不含酒精的啤酒等。此处指买来在家喝的酒类，不包括在餐馆、旅馆、酒吧等消费的酒（在外饮食）。

衣着支出指渔民家庭住户用于穿着的支出，包括购买服装、服装材料、鞋类、其他衣类及配件，以及衣着相关加工服务的支出。

居住支出指渔民家庭住户用于居住的支出，包括房租、水、电、燃料、住房装潢、物业管理等方面的支出。

生活用品支出指渔民家庭住户购买家具和家用电器、日用杂品的支出。

家具和家用电器包括家具、家具材料、室内装饰品、家庭使用的各类大型器具和电器、小家电等，如冰箱、冷饮机、空调、洗衣机、吸尘器、干衣机、微波炉、洗碗机、消毒碗柜、炊具、炉灶、热水器、取暖器、保险柜、缝纫机、榨汁机、烤面包炉、酸奶机、熨斗、电水壶、电扇、电热毯等。

日用杂品包括床上用品、窗帘门帘和其他家用纺织品，以及洗涤及卫生用品、厨具、餐具、茶具、家用手工工具、其他日用品、护肤品、美容美发用品等。

交通通信支出指渔民家庭户在交通工具、交通费、通信器材、通信服务方面的支出。

交通工具包括家用汽车、摩托车、自行车及其他家庭交通工具。不包括经营用交通工具。

交通费包括乘坐各种交通工具（如飞机、火车、汽车、轮船等）所支付的交通费以及用于车辆使用的燃料费、停车费、维修费、车辆保险等。不包括因公出差暂由个人垫付的交通费。

通信工具包括固定电话机、移动电话机、寻呼机、传真机等。

通信服务费包括电话费、电话初装费、入网费、电信费、邮费等。

教育文化娱乐支出指渔民家庭户用于住户成员的教育活动、文化娱乐活动的支出。

教育包括职业技术培训费、学杂费、赞助费、一揽子教育服务费、教育用品支出等。文化娱乐包括用于文娱耐用消费品、其他文娱用品和文化娱乐服务。

文娱耐用消费品包括各种音像、摄影和信息处理设备，如彩色电视机、照相机、摄像机、组合音响、家用计算机，也包括中高档乐器、健身器材等，还包括文娱耐用消费品的零配件和维修。

其他文娱用品包括除教材及参考书以外的各种书报杂志及音像制品、文具纸张、体育户外用品、玩具、用于花鸟虫鱼等业余爱好的相关用品、宠物及宠物用品等其他文娱用品，也包括以上文娱用品的维修支出。

文化娱乐服务指和文化娱乐活动有关的各种服务费用。包括团体旅游、景点门票、体育健身活动、电影、话剧、演出票、有线电视费以及其他文化娱乐服务支出。

医疗保健支出指渔民家庭户购买医疗器具和药品，支付门诊和住院费方面的支出。

医疗器具和药品包括药品、滋补保健品、医疗卫生器具及用品和保健器具。

门诊和住院费指门诊和住院的医疗总费用，包括从各种医疗保险或其他医疗救助计划中获得的医药费和医疗费的报销款额；挂号费、诊疗费、注射费、手术费、透视费、镶牙费、出诊费、送药费、陪侍费、住院费、救护车费等；提供给门诊病人的药物、医疗器械和设备及其他保健产品。报销医疗费应按收付实现制记录，即仅当医疗费报销到手时才计入。

其他用品及服务指渔民家庭户在其他用品及服务方面的支出。

其他个人用品包括首饰、手表和其他杂项用品。

其他服务包括旅馆住宿费、美容美发洗浴、其他杂项服务。无法归入七大类服务支出的其他各项服务支出，如迷信、丧葬费、诉讼费、公证费、房地产中介服务费等也包含在内。

第46条　全年纯收入和渔业纯收入

全年纯收入指渔民家庭当年从各种来源得到的总收入相应地扣除所发生的费用后的收入总和。全年纯收入主要用于再生产投入和当年生活消费支出，也可用于储蓄和各种非义务性支出。渔民人均纯收入是按人口平均的纯收入水平，反映的是一个地区或一个渔民家庭的居民平均收入水平。计算方法：

全年纯收入＝全年总收入－家庭经营费用支出－生产性固定资产折旧－税费支出

渔业纯收入＝出售水产品收入＋从事渔业所获得的工资性收入＋渔业补贴－经营渔业支出－渔业固定资产折旧－渔业税费支出

第47条　可支配收入

可支配收入指渔民家庭户可用于最终消费支出和储蓄的总和，即可以用来自由支配的收入。可支配收入既包括现金，又包括实物收入。本调查按照收入的来源，可支配收入包含四项，分别为：工资性收入、经营净收入、财产净收入、转移净收入。计算公式为：

可支配收入＝工资性收入＋经营净收入＋财产净收入＋转移净收入

其中：

经营净收入＝经营收入－经营费用－生产性固定资产折旧－税费支出

转移净收入＝转移性收入－转移性支出

第48条　渔民家庭收支调查台账首页及问卷

渔民家庭收支调查台账首页是用于采集渔民家庭收支情况基础数据的方法。在调查户中建立台账首页，按一定时间将发生收支情况通过问卷访问进行记录，由县级渔业统计人员按时间要求，直接通过村干部或村农业技术员收集或调查。本台账首页及问卷为参考表样，各地可根据实际情况自行设计，方便渔民理解。在台账首页中需要一次性填写的内容包括样本户地址及代码、居住房屋面积和估价、拥有大型网具价值、养殖面积、机动渔船数量、功率和吨位等。

样本户地址及代码指渔民家庭收支调查样本户的居住地址，按省、地、县、乡、村的行政地址填写，代码是国家统计局公布的标准代码（12位）。村内的样本户按自然顺序编码。样本户所在的行政区划名称发生改变，但尚未获得国家标准名称和代码的，原地址和代码不变，可在备注中说明。

居住房屋面积指住宅用于生活居住的建筑面积，应扣除住宅中非生活居住（出租、生产或商用）的建筑面积。

建筑面积以房屋产权证或租赁证为准，也可按使用面积乘以1.333计算得出。如果没有相应证明，则由调查员根据本住宅或类似住宅判断填写。建筑面积应填写整数，不为整数时应四舍五入。

居住房屋的估价指居住房屋建筑本身的市场估值，仅包含建筑物本身的价值，不包含宅基地的价值。市场估值主要由调查员辅助住户进行填报。按农村地区的住宅市场估值方法进行估价，调查员预先了解本地区目前平均的房屋建造成本，并将这些信息提供给调查户。针对某个具体住宅，首先估计目前如果要建造同类住房所需要的成本，然后按照 30 年折旧的期限，根据住宅的建筑年份对剩余的价值进行折算。

图书在版编目（CIP）数据

2025 中国渔业统计年鉴 / 农业农村部渔业渔政管理局，全国水产技术推广总站，中国水产学会编制.
北京：中国农业出版社，2025. 7. -- ISBN 978-7-109-33331-4

Ⅰ. F326.4-66

中国国家版本馆 CIP 数据核字第 2025G3S937 号

2025 中国渔业统计年鉴

2025 ZHONGGUO YUYE TONGJI NIANJIAN

中国农业出版社出版

地址：北京市朝阳区麦子店街 18 号楼

邮编：100125

责任编辑：陈　瑨

责任校对：吴丽婷

印刷：中农印务有限公司

版次：2025 年 7 月第 1 版

印次：2025 年 7 月北京第 1 次印刷

发行：新华书店北京发行所

开本：787mm×1092mm　1/16

印张：10.25　　插页：8

字数：255 千字

定价：200.00 元